法然上人のご法語

❶消息編

浄土宗総合研究所【編訳】

JODO SHU PRESS

『法然上人のご法語』文庫化にあたって

法然上人《ほうねんしょうにん》はやさしい方です。

辛いことや悲しいことが多いこの世に生きる誰もが、仏の道を歩み、仏さまからの導きをいただいて、少しでも憂いなく日々を生きてほしい、それを第一に願われました。

法然上人はきびしい方です。

誰もが憂いなく生きるための仏の道は「誰もができること」でなければならない、それは「南無阿弥陀仏」と念仏を称《とな》えることにほかならない——自己とのきびしい対峙《たいじ》、深い勉学と思慮、宗教体験から得た確信をもって、生涯、どのような環境下にあろうとも、誰かれの別なくやさしく、ときにきびしく一貫した態度で、口称《くしょう》念仏を説き続けました。

「ご法語」とは、祖師や高僧が仏の教えを平易に説いた文章を指します。浄土宗を開いた法然上人（１１３３－１２１２）は、「ご法語」と呼べる言葉をたくさんたくさん、残された方です。それらすべてが、上人の生きた鎌倉時代から800年という星霜を超え、現代《いま》の私たちに届けられています。

本シリーズでは、数多くある法然上人の「ご法語」（文献）を取り上げ、私たちに送ってくださっているメッセージを、上人の息づかいとともに感じ取っていただけるよう構成しました。第一集「消息編」では、上人が弟子や信者に宛てたお手紙の類を、第二集「法語類編」では、おもに教えの肝要を説いた文献を、第三集「対話編」では、上人と弟子や信者との対話として書き留められた書物を、そして第四集「伝語・制誡編」では、弟子などが上人から聞いたことして残る、また上人が弟子に対して訓戒として授けた言葉などを扱っています。

法然上人のやさしさ、そしてきびしさを感じてください。そしてあなたの毎日が、仏さまの導きにより少しでも憂いなきものとなりますよう、心からお祈りいたします。

令和3年　春

編訳者記す

法然上人のご法語　第一集　消息編〈目次〉

本書をお読みいただくにあたって

◆本書は、既刊『法然上人のご法語』(①消息編、浄土宗刊=絶版)の現代語訳を見直し、より理解しやすいよう再編集し文庫化したものです。
◆取り上げたご法語は、石井教道編『昭和新修法然上人全集』(平楽寺書店刊。本書では『昭法全』と略称します)の第三輯《しゅう》消息編に収められている文献から、重要と思われる部分を抄出したもので、ジャンルやテーマごとに分類して目次立てをしました。
◆抄出した各ご法語は現代語訳(太字)、原文の順に並べ、末尾にその出典名(文献名)と『昭法全』の掲載ページを記載しました。
◆引用文(原文)は現代かなづかいに、漢字は原則として常用漢字にあらため、適宜ルビ(よみがな)を付しました。いずれも底本を参考に、最終的には編訳者および編集部の判断にもとづきます。
◆現代語訳に際し、必要と思われる場合には( )付して文章を補いました。
◆引用した文(ご法語)と類似のものがある場合には、枝番号を付して掲載しました。酷似したご法語の場合、現代語訳は省略しています。
◆ご法語の中に経典やその注釈書などから引用がある場合は、文中に❶❷等を付し、各ご法語の末尾にその出典を示しました。「浄全」は『浄土宗全書』（山喜房仏書林刊）、「聖典」は『浄土宗聖典』（浄土宗刊）を示します。
◆重要と思われる用語や表現については、文中に＊を付し「用語解説」として巻末に掲載しました。仏教語を詳しく学びたい方は「ＷＥＢ版　新纂浄土宗大辞典」もご参照ください。（http://jodoshuzensho.jp/daijiten/index.php/）

一紙小消息（黒田の聖人へつかはす御文）

1

乱れきったこの末法《まっぽう》の時代、さらにはそれ以降の時代に生きる人々が、阿弥陀《あみだ》さまの極楽浄土《ごくらくじょうど》へ往生《おうじょう》を遂げることができるかどうか、という疑問について、おおよそ次の四点が考えられます。

一つには、称《とな》えるお念仏の数が少ないとしても往生を疑ってはいけません。阿弥陀さまの本願《ほんがん》に照らせば、たとえわずか十遍あるいは一遍のお念仏であったとしても十分なのです。

二つには、罪深い人間であるとしても往生を疑ってはいけません。お釈迦《しゃか》さまは「たとえどんなに罪深い者であろうとも、阿弥陀仏《あみだぶつ》が見捨てるということは決してない」とおっしゃっているのです。

三つには、お釈迦さまの時代からどれほど時を経るとしても、往生を疑ってはいけません。末法《まっぽう》の時代が過ぎ、ついには教えがすべて消え去った時代の衆《しゅ》生《じょう》でも間違いなく往生するのです。お念仏を称えれば往生が叶うと説かれているのですから。ましてや今の時代に往生しないことなど決してあり得ません。

四つには、自分自身、煩悩《ぼんのう》を断ち切れぬ悪しき者だとしても疑ってはいけません。かの善導大師《ぜんどうだいし》でさえ「自分は煩悩にまみれた、何と愚かな人間であることか」と吐露《とろ》されているほどです。

さて、仏の世界はあらゆる方角に無数にありますが、阿弥陀さまの西方《さいほう》極楽浄土への往生を願うのは、*十悪五逆《じゅうあくごぎゃく》といった罪を犯してしまった人も往生するからです。

無数の仏さまの中から阿弥陀さまにおすがりするのは、三遍とか五遍といったほんの少しのお念仏しか称えなかった者であっても、臨終には阿弥陀さま自らが来迎《らいこう》してくださるからです。

往生のための数ある行の中からお念仏を選ぶのは、阿弥陀さまがお誓いになられた本願の行であるからです。

今、私たちが阿弥陀さまの本願にこの身をまかせ、必ず往生しようと願ってお念仏を称えれば、その願いが果たされないことなど決してありません。とはいえ、本願に導かれるには阿弥陀さまを深く信じなければなりません。

幸いにも私たちは、人としてこの世に生を享《う》け、阿弥陀さまの本願の御教えに巡り遇い、思いもよらなかった往生浄土の志が発《おこ》り、離れ難いこの生まれ変わり死に変わりを繰り返す世界を抜け出し、生まれ難い浄土へ往生を遂げることができるのです。これ以上の悦《よろこ》びがありましょうか。

たとえ十悪五逆といった重い罪を犯してしまった者でも、自分の過ちを心から反省し、阿弥陀さまに救いを求めてお念仏を称えたならば極楽に救われると信じる一方、だからこそほんの少しの罪も犯すまいと心がけるべきです。そのような重い罪を犯してしまった者でも阿弥陀さまに救いを求めれば往生は叶うのですから、常にわが身を省《かえり》みつつお念仏に励み、罪を犯さないように心がけている人が往生できないことなどありましょうか。

たとえ一遍、十遍のお念仏であれ往生が叶わぬはずはないと信じつつも、なお絶やすことなく称え続けていくべきです。一遍のお念仏で往生は叶うのですから、数多く称えた人が往生できないなどということがありましょうか。

阿弥陀さまは「自ら建てた四十八の誓願の一一《いちいち》を果たさぬうちは、決して仏になるわけにはいかない」と誓われた本願を成就《じょうじゅ》されて極楽浄土を建立《こんりゅう》し、いま現にそこにいらっしゃるのです。ですから、私たちがその本願のままにお念仏を称えれば、いのち尽きる時には阿弥陀さまが必ず迎えに来てくださるのです。

お釈迦さまは、お念仏を称える私たちを「よろしい、それでよいのだ。私の教えに従ってお念仏を称え、迷いの世界を離れようとしている」と見守ってくださり、あらゆる世界に在《まし》ます《ま》み仏方は「悦ばしいことだ。我々が真実と証明した念仏の教えを信じ、称え、迷いの世界に再び戻ることのない極楽浄土へ往生していく」とお悦びになることでしょう。これほどまでに素晴らしい阿弥陀さまの本願に、今やっと出遇えたことに、天をも仰《あお》ぎ、地にも臥《ふ》すほどにお悦びなさい。

お釈迦さまのそうした尊い御恩に報いるためにも、いついかなる時もお念仏をお称えくださ い。

絶対の信心を傾けるべきは、阿弥陀さまが*第十八願《だいじゅうはちがん》に誓われた「念仏を称えるすべての者を迎え摂《と》り、極楽浄土へ往生させよう。そうでなければ仏とはならない」との御文であり、また、必ず信じ委《ゆだ》ねるべきは「阿弥陀仏の本願は虚しいものでは決してない。私たちがお念仏を称えれば、必ず往生が叶うのである」とおっしゃった善導大師の御言葉です。

末代《まつだい》の衆生《しゅじょう》を往生極楽《おうじょうごくらく》の機《き》にあてて見《み》るに、行《ぎょう》すくなしとても疑《うたご》うべからず、一念十念《いちねんじゅうねん》に足《た》りぬべし。罪人《ざいにん》なりとても疑《うたご》うべからず、罪根《ざいこん》ふかきをもきらわじとのたまえり。時《とき》くだれりとても疑《うたご》うべからず、法滅以後《ほうめついご》の衆生《しゅじょう》なおもて往生《おうじょう》すべし、況《いわん》や近来《きんらい》をや。我《わ》が身《み》わろしとても疑《うたご》うべからず、❶自身《じしん》はこれ煩悩具足《ぼんのうぐそく》せる*凡夫《ぼんぶ》なりとのたまえり。*十方《じっぽう》に浄土《じょうど》おおけれど、西方《さいほう》を願《ねご》うは十悪五逆《じゅうあくごぎゃく》の衆生《しゅじょう》の生《う》まるる故《ゆえ》なり。諸仏《しょぶつ》のなかに弥陀《みだ》に帰《き》したてまつるは、❷三念五念《さんねんごねん》に至《いた》るまでみずから来迎《らいこう》したまう故《ゆえ》なり。諸行《しょぎょう》の中《なか》に念仏《ねんぶつ》を用《もち》うるは、かの仏《ほとけ》の本願《ほんがん》なる故也《ゆえなり》。いま弥陀《みだ》の本願《ほんがん》に乗《じょう》じて往生《おうじょう》しなんに、願《がん》として成《じょう》ぜずと云《い》う事《こと》あるべからず。本願《ほんがん》に乗《じょう》ずる事《こと》は信心《しんじん》のふかきによるべし。うけがたき人身《にんじん》を受《う》けて、あいがたき本願《ほんがん》にあいて、おこしがたき*道心《どうしん》を発《おこ》して、はなれがたき*輪廻《りんね》の里《さと》をはなれて、生《う》まれがたき浄土《じょうど》に往生《おうじょう》せん事《こと》、悦《よろこ》びの中《なか》の悦《よろこ》びなり。罪《つみ》は十悪五逆《じゅうあくごぎゃく》の者《もの》も生《うま》ると信《しん》じて、少罪《しょうざい》をも犯《おか》さじと思《おも》うべし。罪人《ざいにん》なお生《う》まる、況《いわん》や善人《ぜんにん》をや。行《ぎょう》は一念十念《いちねんじゅうねん》なおむなしからずと信《しん》じて、無間《むけん》に修《しゅ》すべし、一念《いちねん》なお生《う》まる、況《いわん》や多念《たねん》をや。阿弥陀仏《あみだぶつ》は不取正覚《ふしゅしょうがく》の言《ことば》を成就《じょうじゅ》して、現《げん》に彼《か》の国《くに》にましませば、定《さだ》んで命終《みょうじゅう》の時《とき》は来迎《らいこう》したまわん。釈尊《しゃくそん》は、善哉《よきかな》我《わ》が教《おし》えに随《したが》いて生死《しょうじ》を離《はな》ると知見《ちけん》したまい、六方《ろっぽう》の諸仏《しょぶつ》は、悦《よろこ》ばしき哉《かな》我《わ》が証誠《しょうじょう》を信《しん》じて不退《ふたい》の浄土《じょうど》に生《う》まると悦《よろこ》びたもうらんと。天《てん》に仰《あお》ぎ地《ち》に臥《ふ》して悦《よろこ》ぶべし、このたび弥陀《みだ》の本願《ほんがん》にあう事《こと》を。行住坐臥《ぎょうじゅうざが》にも報《ほう》ずべし、かの仏《ほとけ》の恩徳《おんどく》を。頼《たの》みても頼《たの》むべきは❸乃至十念《ないしじゅうねん》の詞《ことば》、信《しん》じても猶信《なおしん》ずべきは、❹必得往生《ひっとくおうじょう》の文《もん》なり。

【底本『浄土宗日常勤行式』（浄土宗発行）・昭法全四九九参照】

❶『往生礼讃』浄全四・三五四下『観経疏』散善義巻第四　浄全二・五六上／聖典二・一二一
❷『法事讃』浄全四・二五下
❸『無量寿経』巻上　浄全一・七／聖典一・二八
❹『往生礼讃』「若我成仏・・・必得往生」の四十八字からなる一文。浄全四・三七六上

第一章　人間

2

人の心はさまざまで、夢幻《ゆめまぼろし》のようにはかないこの憂《う》き世での楽しみや栄華《えいが》だけを追い求め、後世《ごせ》のことなどまるで気にも留めない人もいるものです。

人の心さまざまにして、ただ一筋《ひとすじ》に夢幻の憂き世ばかりの楽しみ栄えをもとめて、すべてのちの世をも知らぬ人も候。

【御消息・昭法全五七五】

3

まったくもって、*凡夫《ぼんぶ》の心は乱れに乱れ、酒に酔っているようなもので、善悪を正しく判断することができないものです。一瞬のうちに百通りもの煩悩《ぼんのう》が沸き起こり、善悪の判断が乱れやすいのですから、たとえどのような修行であっても自分の力で成し遂げられるものではありません。

げにも凡夫の心は、物くるい、酒に酔《え》いたるがごとくして、善悪につけて、おもいさだめたる事なし。一時《いっとき》に煩悩百たびまじけりて、善悪みだれやすければ、いずれの行なりとも、わがちからにては行じがたし。

【往生浄土用心・昭法全五五七】

4

仏典の目録に載《の》っている経典を開かず、ましてそれ以外の書物さえ繙《ひもと》くことのない人が、いかにも仏教の知識に富んだ者のように振る舞ってとやかく言っているさまは、まるで「井の中の蛙《かわず》」のようなものです。

録の経教《きょうぎょう》をもききみず、いかにいわんや録のほかのみざる人の、智慧《*ちえ》ありがおに申すは、井のそこの蛙ににたり。
【鎌倉の二位の禅尼へ進ずる御返事・昭法全五三二】

5

悪について言えば、仏《ほとけ》さまの御心《おんこころ》に、あえて悪行《あくぎょう》を犯しなさいと勧めるお考えなどありましょうか。悪いことはよくよく止《とど》めなさい、と戒《いまし》められることでしょう。けれども、そこが凡夫《*ぼんぶ》の悲しさ、その時その時の煩悩《ぼんのう》に引きずられて、ついつい悪行を犯してしまうのは、私たちには力及ばぬことなのです。そんな私たちだからこそ、阿弥陀さまは慈悲を発《おこ》してお見捨てになることがないのです。

悪をば、されば仏の御心に好みてつくれとやすすめ給える、かまえてとどめよとこそ誡《いまし》め給えども、凡夫のならい、当時の迷《まど》いに引かれて悪をつくることは力およばぬ事なれば、慈悲をおこして捨て給わぬにこそあれ。
【浄土宗略抄（鎌倉二位の禅尼に進ぜられし書）・昭法全六〇三】

5−2 悪について言えば、仏さまの御心に、罪を犯しなさいと勧められるお考えなどありましょうか。罪深いことはよくよく止《とど》めなさい、と戒《いまし》められることでしょう。けれども、そこが*凡夫《ぼんぶ》の悲しさ、その時その時の煩悩《ぼんのう》に引きずられて、ついつい悪行を犯してしまうのは、私たちには力及ばぬことなのです。実際に悪行を犯してしまう人がいるのと同様に、巡り合わせによって『*法華経《ほけきょう》』を読《どく》誦《じゅ》しようとしたり、お念仏以外の行を修めようとしたがるのは、私たちには力及ばぬことなのです。

悪をば、されば仏の御こころに、このつみ造れとやはすすめさせたもう。かまえてとどめよとこそは、いましめたまえども、凡夫のならい、当時のまどいにひかれて悪をつくる、ちからおよばぬ事にてこそ候《そうら》え。まことに悪をつくる人のように、しかるべくて、経をよみたく、余の行をもくわえたがらんは、ちからおよばず候。

【大胡の太郎実秀へつかはす御返事・昭法全五二五】

6

人の心には頓機《とんき》、漸機《ぜんき》という二つがあります。頓機というのは聞いたならばすぐにその内容を理解できる人、漸機というのは徐々に理解していく人のことをいいます。たとえば、神社仏閣へ参詣《さんけい》するにしても、足の速い人はわずかな時間でそこまでたどり着くことができるのに、足の遅い人は一日かけても着くことができないようなものです。しかし、そこに行こうという心があれば、最後には必ずお参りすることができるのと同じように、お浄土に往生したいと願う気持ちさえおありになれば、時間はかかっても御《ご》信心は深くなっていかれるに違いありません。

人の心は頓機漸機とて二品《ふたしな》に候なり。頓機はききてやがて解《さと》る心にて候。漸機はようよう解る心にて候なり。物詣《ものもうで》なんどをし候に、足はやき人は一《いっ》時《とき》にまいりつくところへ、足おそきものは日晩《ひくら》しにもかなわぬ様《よう》には候《そうら》えども、まいる心だにも候えば、ついにはとげ候ように、ねごう御心《おんこころ》だにわたらせ給い候《そうら》わば、年月《としつき》をかさねても御信心もふかくならせおわしますべきにて候。

【往生浄土用心・昭法全五六二】

7

私（法然《ほうねん》）が流罪《るざい》になったこと（建永《*けんえい》の法難《ほうなん》）について、誰も決して恨みを抱くようなことがあってはなりません。このようになる因果をこの身に背負っていたのですし、穢《けが》れや悪に満ち満ちた世の中は今にはじまったわけではありませんから、何事につけても、一刻も早く往生しようとお思いになるべきです。

誰《たれ》も是《これ》を遺恨《いこん》の事などゆめにも思《おぼ》し召《め》すべからず候。然《しかる》べき身の宿報《しゅくほう》と申し、又穢悪充満《えあくじゅうまん》のさかい、是に初《はじ》めぬ事にて候《そうら》えば、何事に付《つけ》ても只急々《いそぎいそぎ》往生をせんと思うべき事に候。
【津戸三郎へつかはす御返事（八月二十四日付）・昭法全六〇六】

第二章　救いの道——聖浄二門

8
人々が生まれ変わり死に変わりを繰り返す迷いの境涯を離れる道として、仏さまの多くの御教えがさまざまに説かれています。けれども、この＊末法《まっぽう》の時代に生きる人々にとって、迷いの世界を離れる道は極楽浄土に往生を遂げるしかありません。この旨こそ、全ての人々を救おうとする仏さまの御教えの大いなる心の表れなのです。
衆生《しゅじょう》の＊生死《しょうじ》をはなるるみちは、仏の御おしえようように候といえども、このごろの人の＊三界《さんがい》をいで生死をはなるるみちは、ただ往生極楽ばかりなり。このむね聖教《しょうぎょう》のおおきなるこころなり。
【大胡の太郎実秀が妻室のもとへつかはす御返事・昭法全五〇九】

9
私（法然《ほうねん》）は幼いころから仏さまの御教えを学んできた身ではありますが、お念仏以外、いかにすれば往生できるか存じません。今は、ただお念仏をお称《とな》えして、阿弥陀さまの＊本願を頼りに往生しようと思っております。

われ幼くより法門をならいたる者にてあるだにも、念仏よりほかに何事をして往生すべしともおぼえず、ただ念仏ばかりをして、弥陀の本願をたのみて、往生せんとはおもいてあるなり。

【津戸三郎へつかわす御返事（十月十八日付）・昭法全五六七】

10

このたび、*生死《しょうじ》を繰り返す迷いの境涯を離れる道としては、浄土に往生するに勝ることはありません。浄土に往生する行いとしては、お念仏に勝るものはありません。

このたび生死を離るる道、浄土に生まるるに過ぎたるはなし。浄土に生まるる行い、念仏に過ぎたるはなし。

【浄土宗略抄（鎌倉二位の禅尼に進ぜられし書）・昭法全五九〇】

11

お念仏を称《とな》えることよりも勝《すぐ》れた往生の教えなど決してありません。

12

念仏申さんに過ぎたる往生の義はあるまじき事にて候なり。
【浄土宗略抄（鎌倉二位の禅尼へ進ぜられし書）・昭法全六〇五】

結局のところ、極楽に往生しなければ、＊生死《しょうじ》を繰り返す迷いの境涯を離れることはできません。お念仏でなければ、極楽へ往生することはできません。ですから、この旨を深くお信じになって、ただひたすらに極楽を願い、一筋《ひとすじ》にお念仏を称《とな》えて、このたびこそはこの迷いの世界を離れて極楽に往生しようとお思いになるべきです。

詮《せん》ずるところ、極楽にあらずば生死をはなるべからず。念仏にあらずば極楽に生まるべからざるものなり。しかればふかくこのむねを信じたまいて、一向《いっこう》に極楽をねがい、ひとすじに念仏を修して、このたび生死をはなれ極楽に生まれんとおぼしめすべきなり。
【大胡の太郎実秀が妻室のもとへつかはす御返事・昭法全五〇九】

13

そもそも俗世を離れて仏道に入るには多くの入口がありますが、大きく二つにしか分けられません。すなわち*聖道門《しょうどうもん》と*浄土門《じょうどもん》です。

おおかた憂《う》き世を出《い》でて仏道に入《い》るにおおくの門ありといえども、おおきに分《わか》ちて二門を出《いで》ず、すなわち聖道門と浄土門となり。
【浄土宗略抄（鎌倉二位の禅尼に進ぜられし書）・昭法全五九〇】

14

*聖道門《しょうどうもん》とは、この娑婆《しゃば》世界にありながら、煩悩《ぼんのう》を断ち切ってこの身のままでさとりを開こうとする道のことです。（中略）聖道門の教えは聞くだけでは理解が及ばず、さとるにはほど遠く、かえって心が混乱してしまい、とても私のような者には不相応な道であるとわきまえ、その教えを歩もうなどという思いは断つべきです。

聖道門と云うは、この娑婆世界にありながら、惑《まどい》をたち、悟りを開く道なり。（中略）ただ、聖道門は聞《きき》遠くして悟り難く、惑易《まどいやす》くしてわが分に思いよらぬ道なりと思い放つべきなり。
【浄土宗略抄（鎌倉二位の禅尼に進ぜられし書）・昭法全五九二】

15

そもそも、*生死《しょうじ》を繰り返す迷いの境涯を離れる方法は種々多くあるとはいえ、それらの中で、この*末法《まっぽう》の時代に生きる人々にとっては、極楽に往生する以外のことは成し遂げ難いものです。これは、衆生《しゅじょう》が生死の迷いの世界を逃れるようにと、仏さまが勧めてくださった唯一の道なのです。とはいえ、極楽へ往生するための行もまたいろいろと数多くあるものですが、お念仏以外の行では、往生を遂げるのは難しいものです。なぜなら、お念仏は阿弥陀さまがすべての人々を救うためにご自身でお誓いになられた*本願の行ですから、極楽に往生するための行としてはこのお念仏に勝るものは他にはないのです。

おおかた生死をはなるるみち、様々《ようよう》におおく候《そうら》えども、その中にこのごろの人の生死をいずる道は、極楽に往生するよりほかには、異道《ことみち》は叶いがたき事なり。これほとけ衆生をすすめて、生死をいださせ給《たも》うべき一つの道なり。しかるに極楽に往生する行、又様々におおく候《そうら》えども、その中に念仏して往生するよりほかには、異行《ことぎょう》は叶いがたき事にはあるなり。そのゆえは、念仏はこれ弥陀の一切衆生のために身《み》ずからちかい給いたりし本願の行なれば、往生の業にとりては、念仏にしく事はなし。

【津戸三郎へつかわす御返事（十月十八日付）・昭法全五六七】

16

*浄土門《じょうどもん》とは、この娑婆《しゃば》世界を厭《いと》い捨てて、急いで極楽に生まれようとする教えです。極楽浄土に生まれるということは、阿弥陀さまのお誓いに依るのであり、善人か悪人*かにかかわらず、ただ阿弥陀さまのお誓いを信じておすがりするか、しないかにかかっています。ですから*道綽禅師《どうしゃくぜんじ》は「唯一、浄土門の教えこそが歩むべき仏道である」とおっしゃっているのです。

浄土門というは、この娑婆世界を厭いすてて、いそぎて極楽に生まるるなり。かの国に生まるる事は阿弥陀仏のちかいにて、人の善悪をえらばず、ただ仏《ほとけ》のちかいをたのみたのまざるによるなり。このゆえに道綽は、❶浄土の一門のみありて通入《つうにゅう》すべき道なりとの給えり。
【浄土宗略抄（鎌倉二位の禅尼に進ぜられし書）・昭法全五九二】

❶『安楽集』浄全一・六九三上

17

この*末法《まっぽう》の時代にあって、*生死《しょうじ》を繰り返す迷いの境涯を離れようと思う人は、この時代には成し遂げ難い*聖道門《しょうどうもん》の教えによることなく、この時代にあってもたやすく極楽往生が遂げられる*浄土門《じょうどもん》の教えによるべきです。この聖道門と浄土門を、それぞれ難行道《なんぎょうどう》・易行道《いぎょうどう》と名付けます。たとえていうならば、難行道は険しい道のりを歩いて行くようなもの、易行道は海路を船に乗って行くようなものとされています。

このごろ生死を離れんと思わん人は、証しがたき聖道《しょうどう》をすてて往《ゆ》きやすき浄土を欣《ねご》うべきなり。この聖道浄土をば、難行道易行道となづけたり。たとえをとりてこれをいうに、難行道はけわしき道をかちにて往くがごとし、易行道は海路を船にのりて行くがごとしといえり。

【浄土宗略抄（鎌倉二位の禅尼に進ぜられし書）・昭法全五九二】

18

この*末法《まっぽう》の時代に生きる私たちは、真理を見つめる*智恵《ちえ》の眼《まなこ》は閉ざされ、修行するにもその足は傷つき折れてしまっています。*聖道門《しょうどうもん》・難行道《なんぎょうどう》の険しい道のりに向かおうとする望みはきっぱりと断ち、ただ阿弥陀さまの*本願という船に乗り、*生死《しょうじ》を繰り返す迷いの海を渡り、極楽の岸にたどり着くべきです。

このごろのわれらは、智恵の眼しいて、行法《ぎょうぼう》の足折れたるともがらなり。聖道難行《しょうどうなんぎょう》のけわしき路《みち》には、惣じて望みを断つべし。ただ弥陀の本願の船にのりて、生死の海をわたり、極楽の岸につくべきなり。

【浄土宗略抄（鎌倉二位の禅尼に進ぜられし書）・昭法全五九一】

19

*聖道門《しょうどうもん》は私のような者に実践できる教えではない、そう思って聖道門を捨て去り、この*浄土門《じょうどもん》に入ってただひたすらに阿弥陀さまのお誓いを仰いで名号《みょうごう》を称《とな》える、そういった人を浄土門の行者というのです。

聖道門は、わが分にあらずと思いすてて、この浄土門に入《い》りてひとすじに仏《ほとけ》のちかいをあおぎて、名号をとなうるを、浄土門の行者とは申すなり。

【浄土宗略抄（鎌倉二位の禅尼に進ぜられし書）・昭法全五九二】

20

迷いの世界であるこの娑婆《しゃば》に住む私たちが、西方極楽浄土以外のお浄土への往生を願うのは、あたかも弓を持たずに空を飛ぶ鳥を捕ろうとしたり、昇っていくことができないのに高い梢《こずえ》にある花を採ろうとするようなものです。

娑婆世界の人は、よの浄土をねがわんことは、弓なくして空の鳥をとり、足なくしてたかきこずえの華《はな》をとらんがごとし。

【鎌倉の二位の禅尼へ進ずる御返事・昭法全五三二】

貪《むさぼ》りや瞋《いか》りなど、さまざまな煩悩《ぼんのう》という敵《かたき》にしばられて、迷いの世界である三*《さん》界《がい》という牢獄に閉じ込められている私たちを、阿弥陀さまは我が子をいつくしむ母親のような深い慈悲の御心《おん》のもと、名号《みょうごう》という鋭い剣《つるぎ》で生き死にを繰り返す輪廻《りんね》の絆《きずな》を断ち切り、苦しみ多いこの娑婆《しゃば》世界に本*願という哀れみ深い船を浮かべ、お浄土に導いてくださるのです。そう思う時、うれしさのあまり、着物の袂《たもと》は喜びの涙でしぼれるほどにもなり、阿弥陀さまを仰《あお》ぎ慕《した》う気持ちは心に染《し》み入るに違いありません。

貪瞋《とんじん》煩悩の敵にしばられて、三界の樊籠《はんろう》にこめられたるわれらを、弥陀悲母の御心ざしふかくして、名号の利剣《りけん》をもちて生死《*しょうじ》のきずなを切り、本願の要船を苦海の波にうかべて、かの岸につけ給《たも》うべしと思い候《そうら》わんうれしさは、歓喜《かんぎ》の涙たもとをしぼり、渇仰《かつごう》のおもい肝に染《そ》むべきにて候。

【往生浄土用心・昭法全五六二】

第三章　阿弥陀仏の救い

22

第一節　阿弥陀仏の誓い

極楽往生を遂げるためには、どのような行であろうとも、お念仏より勝れているということはありません。そのわけは、お念仏は、阿弥陀さまが*本願お誓いになられた行であるからです。本願とは、昔、阿弥陀さまが成仏される以前、*法蔵菩薩《ほうぞうぼさつ》として修行していらした頃、浄《きよ》らかな仏の世界（極楽浄土）を建立《こんりゅう》し、そこへ人々を救い導こうと志し、*世自在王《せじざいおう》という仏さまの御《おん》前で誓われた四十《しじゅう》八《はち》の大いなる願いのことをいうのです。その中に、あらゆる人々を極楽浄土に往生せしめようと、一つの願を誓われました。これを「念仏往生の大願《だいがん》」というのです。

往生極楽のためにはたといいかなる行なりというとも、念仏にすぎたることは候《そうら》わざるなり。そのゆえは、念仏はこれ弥陀の本願の行なるがゆえなり。本願と申すは、阿弥陀仏のいまだ仏になりたまわざりしむかし、*法蔵比丘《びく》と申ししいにしえ、仏の国土をきよめ、衆生《しゅじょう》を成就せしめんがために、世自在王如来《にょらい》ともうしし仏のみまえにして、四十八の大願をおこしたまいしそのなかに、一切衆生を往生せしめんがために、一つの願をおこしたまいける、これを念仏往生の大願とは申し候なり。
【大胡の太郎実秀が妻室のもとへつかはす御返事・昭法全五〇七】

23

念仏往生の願は、阿弥陀さまが*法蔵菩薩《ほうぞうぼさつ》として修行していらした頃にお建てになった誓願です。お念仏以外の種々の行はそうした誓願ではありません。お釈迦さまは、人々の気質の違いや状況に応じてさまざまな行をお説きにはなられましたが、そのお釈迦さまがこの世にお出ましになられた本意は、阿弥陀さまの第十八念仏往生の願を説き弘《ひろ》めるためだったのです。お念仏以外のさまざまな行をお説きになった日もありましたが、それはその時の人々の気質やそのときの状況に応じたまでのことで、決してお釈迦さま本来の御心によるものではありません。ですから、お念仏は阿弥陀さまにとっては、人々を漏れなく救うための*本願であり、お釈迦さまにとっては、それを弘めることがこの世にお出ましになられた真の目的だったのです。

念仏往生の願は、これ弥陀如来の本地《ほんじ》の誓願なり。余の種々の行は、本地のちかいにあらず。釈迦如来の種々の機縁にしたがいて、様々《ようよう》の行を説かせたまいたる事にて候《そうら》えば、釈迦も世にいで給《たも》う心は、弥陀の本願を説かんとおぼしめす御心にて候《そうら》えども、衆生の機縁《きえん》人にしたがいて説き給《たも》う日は、余の種々の行をも説き給《たも》うは、これ随機《ずいき》の法なり、仏《ほとけ》の自らの御心の底には候《そうら》わず。されば念仏は、弥陀にも利生《りしょう》の本願、釈迦にも出世の本懐《ほんかい》なり。

【津戸三郎へつかはす御返事（九月二十八日付）・昭法全五七二】

24

「*智恵《ちえ》のない人にこそ、その人の能力や時・処《ところ》といった状況に応じてお念仏を勧めているのだろう」などと言う人がいますが、そうした物言いはすべて間違いです。阿弥陀さまのお誓いは智恵のある人もない人も選ばず、戒律をまもれる人もまもれない人も区別することなく、またお釈迦さまのいらっしゃった時代の人と、入滅された後の時代の人を区別することもなく、*在家《ざいけ》・出家《しゅっけ》を区別することもなく、念仏往生の誓願はあらゆる人々に対する平等の慈悲の御心から発《おこ》されたのですから、人を分け隔てするなどということは決してないのです。『観無量寿経《かんむりょうじゅきょう》』に「仏の心というものは大いなる慈悲そのものである」と説かれている通りです。

無智の人にこそ、機縁《きえん》にしたがいて念仏をばすすむる事にてはあれと申し候なる事は、もろもろの僻事《ひがごと》にて候。阿弥陀ほとけの御《おん》ちかいには、有智《うち》無智《むち》をもえらばず、持戒破戒《じかいはかい》をもきらわず、仏前仏後《ぶつぜんぶつご》の衆生をもえらばず、在家出家の人をもきらわず、念仏往生の誓願は平等の慈悲に住しておこし給いたる事にて候《そうら》えば、人をきらう事は、また全く候《そうら》わぬなり。されば観無量寿経には、❶仏心とは大慈悲是《これ》なりと説きて候なり。
【津戸三郎へつかわす御返事（九月二十八日付）・昭法全五七二】

❶『観無量寿経』浄全一・四四／聖典一・一六六

25
そもそもお念仏の行は、*智恵《ちえ》のあるなしにかかわるものではありません。阿弥陀さまがその昔、＊法蔵菩薩《ほうぞうぼさつ》としてご修行されていた時にすべての人々をもれなく救おうとして誓われた＊本願の行です。ですから、智恵のない人のためにお念仏を本願の行とされ、智恵のある人のために他の深遠《しんえん》な行を本願の行とされたわけではありません。お念仏はすべての人々のためであり、それには幅広く、智恵のある人もない人も、罪のある人もない人も、善人も悪人も、戒をまもれる人もまもれない人も、身分の高い人も低い人も、男とか女とか性別にかかわらず、お釈迦さまがいらっしゃった時代の人も、入滅された後の人も、さらには＊末法《まっぽう》の時代が過ぎて仏法僧《ぶっぽうそう》の＊三宝《さんぼう》がみな滅んでしまうであろう時代の人々も、すべてが含まれるのです。

念仏の行は、もとより有智無智《うちむち》にかぎらず、弥陀のむかし誓いたまいし本願も、あまねく一切衆生《いっさいしゅじょう》のためなり。無智《むち》のためには念仏を願じ、有智《うち》のためには余のふかき行を願じたまえる事なし。＊十方《じっぽう》衆生のために、ひろく有智無智、有罪無罪《うざいむざい》、善人悪人、持戒破戒《じかいはかい》、貴《とうと》きも賤《いやしき》も、男も女も、もしは仏在世《ぶつざいせ》、もしは仏滅後《ぶつめつご》の近来《きんらい》の衆生、もしは釈迦の末法万年《まんねん》ののち、三宝みなうせての時の衆生まで、みなこもりたるなり。

【津戸の三郎へつかはす御返事（九月十八日付）・昭法全五〇二】
（類似法語・145参照）

26

三万遍、五万遍のお念仏を誠実につとめられるならば、戒を少し破ってしまうことがあっても、それによって浄土への往生が妨げられるようなことはありません。

まめやかに、一心に三万五万、念仏をつとめさせたまわば、少々戒行《かいぎょう》やぶれさせおわしまし候とも、往生はそれにはより候まじきことに候。
【熊谷の入道へつかはす御返事（五月二日付）・昭法全五三六】

27

浄土往生の教えに詳しくない人たちが「真言《しんごん》の行や止観《しかん》の行に堪えられない人のために、たやすく出来得る行としてお念仏があるのだ」などと言っているのは、はなはだしい間違いです。

往生の道にうとき人の申すようは、余の*真言止観の行にたえざる人の、やすきままのつとめにてこそ念仏はあれと申すは、きわめたるひがごとに候。

【九條殿下の北政所へ進ずる御返事・昭法全五三三】

28

そもそも、*凡夫《ぼんぶ》が*生死《しょうじ》を繰り返す迷いの境涯を離れるには、浄土へ往生することに及ぶものはありません。また、往生のための修行は数多くありますが、声に出してお念仏を称《とな》えることに及ぶものはありません。お念仏を称えて往生するのは、阿弥陀さまが*本願に誓われた行だからです。

抑《そもそも》凡夫の生死をいずる事は、往生浄土にはしかず。往生の業おおしといえども、称名念仏にはしかず。称名往生は、これかのほとけの本願の行なり。

【遺二空阿弥陀仏一書（其二）・昭法全五七四】

29
お念仏以外のすべての行は、阿弥陀さまの本願*の行ではありません。ですから、たとえ妙《たえ》なる行であるとしても、お念仏に及ぶものではありません。おしなべて言えば、ある仏さまのお浄土に往生しようと願う人は、その仏さまが誓われた行に随《したが》うべきでしょう。したがって、阿弥陀さまの極楽浄土に往生するためには、必ずその本願に誓われたお念仏を称《とな》えなければなりません。

念仏のほかの一切の行は、これ弥陀の本願にあらず。かるがゆえに、たとい、たえなる行なりというとも、念仏にはおよび候まじきなり。おおかたそのくにに生まれんとおもわんものは、その仏の誓願にしたごうべきものなり。しかればすなわち弥陀の浄土に生まれんことは、かならず本願にあり。
【大胡の太郎実秀が妻室のもとへつかはす御返事・昭法全五〇八】

30
私たちが阿弥陀さまのお名号《みょうごう》を称《とな》えれば、極楽往生は疑う余地はありません。阿弥陀さまの本願*に遇《あ》えたのは、並大抵の縁《えにし》ではありません。けれども、たとえ遇えたとしても、信じなければ遇わなかったのと同じことです。まさに今、この本願を深く信じたならば往生に対して疑いをおこしてはいけません。決して他の教えに心寄せることなく、懇《ねんご》ろにお念仏を称えて、このたびこそは*生《しょう》死《じ》を繰り返す迷いの世界を離れて、極楽に往生しようと思うべきです。

われら弥陀の名号をとなえんに、往生うたごうべからず。この願にあいたてまつることは、おぼろげの縁《えん》にあらず。たといあえりといえども信ぜざれば、またあわざるがごとし。いまふかくこの願を信ぜしめたまわば往生のうたがいおぼしめすべからず。かならずかならず二心《ふたごころ》なく、よくよく御念仏候《そうらい》て、このたび生死をはなれ極楽に生まれんとおぼしめすべし。
【大胡の太郎実秀が妻室のもとへつかはす御返事・昭法全五一〇】

31

阿弥陀さまの*本願にしっかりととりすがって微塵《みじん》も疑うことなく、「たとえわずか一声《ひとこえ》でも南無阿弥陀仏と称《とな》えれば、どんなに罪深い我が身であっても、本願のお力によって必ず往生できるのだ」とお思いになられて、ひとすじにお念仏の道を歩んでください。

32

返す返すも本願をとりつめまいらせて、一念もうたごう御《おん》こころなく、一声も南無阿弥陀仏と申せば、わが身はたとい何《いか》に罪ふかくとも、仏の願力によりて、一定《いちじょう》往生するぞとおぼしめして、よくよくひとすじに御念仏の候べきなり。
【正如房へつかはす御文・昭法全五四二】

仏さまのおっしゃることには一言《ひとこと》の間違いもないのですから、ただ素直に仰ぎ信ずるべきです。それを疑うようなことがあれば、仏さまのおっしゃることは虚言《そらごと》だということにもなりかねず、かえって罪を犯してしまうことになるとお心得ください。

仏ののたもう御言《みことば》は一言《いちごん》もあやまたずと申し候《そうら》えば、ただあおぎて信ずべきにて候。これをうたがわば、仏の御《おん》虚言と申すにもなりぬべく、かえりてはまたその罪に候《そうらい》ぬべしとこそおぼえ候《そうら》え。
【正如房へつかはす御文・昭法全五四二】

足腰の立たない人が、遠い道のりを歩いていこうと思ってもそれは叶いません。そこで船や車に乗って労せずして行くならば、それはその人の力ではなく、乗り物の力によるのですからこれを他力というのです。悪事がはびこるこの浅ましい現世に生きる、こびへつらい、曲がった気持ちの*凡夫《ぼんぶ》が組み立てて造った乗り物にさえ、人を運ぶという他力があるのです。まして*五劫《ごこう》という大変に長い歳月、考えに考え抜かれてお誓いになった*本願他力の船に乗れば、*生死《しょうじ》を繰り返すこの迷いの世界という大海を渡ってお浄土に往生できることを疑ってはなりません。

足なえ、腰いたる者の、遠き道を歩まんと思わんに、叶わねば船車《ふねくるま》にのりてやすくゆく事、これわが力にあらず、乗物の力なれば他力なり。あさましき悪世の凡夫の*諂曲《てんごく》の心にて、かまえつくりたる乗物にだに、かかる他力あり。まして五劫の間おぼしめしさだめたる本願他力の船筏《ふねいかだ》に乗りなば、生死の海を渡らん事、うたがいおぼしめすべからず。

【往生浄土用心・昭法全五五八】

34

他力によらなければ浄土への往生は遂げがたいわけですから、阿弥陀さまの*本願のお力におすがりして、ひたすらにお名号《みょうごう》を称《とな》えなさい、と*善導大師《ぜんどうだいし》はすすめていらっしゃるのです。自力とは自分の力だけで往生を求めようと励むことで、他力とは阿弥陀さまのお力におすがりすることです。

他力によらずば往生をとげがたきがゆえに、弥陀の本願の力をかりて、一向に名号をとなえよと、善導はすすめ給えるなり。自力というは、わが力をはげみて往生を求むるなり。他力というは、仏の力をたのみたてまつるなり。

【浄土宗略抄（鎌倉二位の禅尼に進ぜられし書）・昭法全六〇一】

第二節　あらゆる仏の証《あかし》

35

たとえ千もの仏さまがこの世に現れて「念仏以外にも往生するための行はあるのだ」などと教えられても信じてはいけません。お念仏の教えは、お釈迦さま、阿弥陀さまにはじまって、無数の仏さまがその真実なることを証明された教えであると確信して、志を金剛石《こんごうせき》よりも堅固にされて、もっぱらお念仏に心をよせてお励みになり、決して心がわりなさいませんように。


たとい千仏《せんぶつ》世にいでて、念仏よりほかに、また往生の業《ごう》ありとおしえたもうとも信ずべからず。これは釈迦・弥陀よりはじめて、恒沙《ごうじゃ》の仏の証誠《しょうじょう》せしめたまえることなればとおぼしめして、御《おん》こころざし金剛よりもかたくして、一向《いっこう》*専修《せんじゅ》の御変改《ごへんかい》あるべからず。

【鎌倉の二位の禅尼へ進ずる御返事・昭法全五三二】

（↓類似法語・89参照）

36
お念仏は、阿弥陀さまが私たちの浄土往生を叶えようと*本願に誓われたもので、お釈迦さまが私たちに伝え授けてくださったものであり、そのお念仏を称《とな》えればあらゆる世界の多くの仏さまが、護《まも》り念じてくださいます。そのひとつひとつのことがまさに真実なのです。ですから、お念仏は他のもろもろの行よりも勝れているのです。

弥陀の本願・釈迦の付属《ふぞく》・六方の護念《ごねん》、一々にむなしからず。このゆえに念仏の行は諸行にすぐれたり。
【大胡の太郎実秀が妻室のもとへつかはす御返事・昭法全五一二】

37
浄土往生の行として、お念仏は実に素晴らしい行《ぎょう》であります。なぜならば、お念仏は阿弥陀さまが*本願に誓われた行であるからです。（中略）お念仏はお釈迦さまが往生のための行として私たちに伝え授けられた行だからです。（中略）

あらゆる世界の仏さまが「お念仏は必ず往生が叶う行である」と証明されたものだからです。

まことに往生の行は、念仏がめでたきことにて候なり。そのゆえは、念仏は弥陀の本願の行なればなり。（中略）念仏は釈迦の付属《ふぞく》の行なり。（中略）念仏は六方《ろっぽう》の諸仏の証誠《しょうじょう》の行なり。
【九條殿下の北政所へ進ずる御返事・昭法全五三三】

38

今はただ、阿弥陀さまの本願*にすべておまかせし、お釈迦さまが私たちに伝え授けてくださり、なおかつ、あらゆる仏さまが証明されているお念仏の教えに素直に従って、愚かな*凡夫《ぼんぶ》である私たちのはからいをさしはさむことなく、強い信心をもってお念仏の行に励み、往生を願ってください。

いまはただ弥陀の本願にまかせ、釈尊の付属《ふぞく》により、諸仏の証誠《しょうじょう》にしたがいて、おろかなるわたくしのはからいをやめて、これらのゆえ、つよき念仏の行をつとめて、往生をばいのるべし。

【九條殿下の北政所へ進ずる御返事・昭法全五三三】

39

おしなべて、極楽に必ず往生する行としては、阿弥陀さまの本願*、お釈迦さまのみ教え、*善導大師《ぜんどうだいし》のご解釈、高僧方のお考え、いずれにおいても、お念仏が根本であるとされています。

おおよそ極楽に生まれ候べき行には、阿弥陀仏の本願にも、釈迦仏の説教にも、善導の解釈にも、諸師の料簡《りょうけん》にも、念仏をもて本体とする事にて候なり。

【御消息・昭法全五八五】

第三節　わが師、善導――阿弥陀仏の化身

40
*善導大師《ぜんどうだいし》は阿弥陀さまが人の姿をとられ、この世に現れてくださった化身《けしん》です。浄土往生の教えを弘《ひろ》めた祖師《そし》は多くいらっしゃいますが、中でも善導大師は*三《さん》昧発得《まいほっとく》された方です。

善導和尚《かしょう》*は弥陀の化身なり。浄土の祖師おおしといえども三昧発得す。
【大胡の太郎実秀が妻室のもとへつかはす御返事・昭法全五一二】

41
どれほど徳が高いと言われる人であっても、*善導大師《ぜんどうだいし》よりも深く往生浄土の道を知っていようはずもありません。善導大師は、私たちのような*凡夫《ぼんぶ》ではありません。阿弥陀さまの化身《けしん》としてこの世に現れたお方なのです。阿弥陀さまがその*本願のみ教えを人々に弘《ひろ》め、往生させるために、かりに人の姿として生ま

れて、善導と名乗られたのです。ですから、善導大師の教えはそのまま仏さまの御説《ごせつ》に他なりません。ああ、何と恐れ多いことでしょう。決してその教えを疑ったりなさいませんように。

いかにめでたき人と申すとも、善導和尚《かしょう》にまさりて、往生の道を知りたらんこともかたく候。善導また凡夫にはあらず。*阿弥陀仏の化身なり。阿弥陀仏の、わが本願をひろく衆生に往生せさせせん料《りょう》に、かりに人に生まれて善導とは申し候なり。そのおしえ申せば、仏説にてこそ候《そうら》え。あなかしこあなかしこ、うたがいおぼしめすまじく候。
【正如房へつかはす御文・昭法全五四四】

41-2

いかにめでたき人と申すとも、*善導《ぜんどう》和尚《かしょう》にまさりて、往生の道をしりたらん事もかたく候。善導ただの*凡夫《ぼんぶ》にあらず、すなわち*阿弥陀仏の化身《けしん》なり。かの仏*わが本願をひろめて、ひろく衆生に往生せさせせん料《りょう》に、かりに人と生まれて、善導とは申すなり。そのおしえ申せば、仏説にてこそ候《そうら》え。
【大胡の太郎実秀へつかはす御返事・昭法全五一八】

第四章　お念仏——御名を称えて

42

第一節　阿弥陀仏に親しき行

まさに今、必ず往生しようとあなたが志すのであれば、念仏を専《もっぱ》ら修める教え（*専修《せんじゅ》）と、種々の行をあわせ修める教え（*雑修《ざっしゅ》）のうち、専修の教えに従ってひたすらお念仏をお称《とな》えください。また、往生するための、読誦《どくじゅ》・観察《かんざつ》・礼《らい》拝《はい》・称名《しょうみょう》・讃歎《さんだん》供養の五種の行（*正行《しょうぎょう》）のうち、*第四の称名を正定業《しょうじょうごう》、他の四つを*助業《じょごう》といいますが、なかでも、お念仏が*正定の業であるという教えに従い、他に心を動かすようなことなく、ただひとすじに第四の称名念仏にお励みください。

いま決定《けつじょう》して浄土に往生せんとおもわば、*専雑二種《せんぞうにしゅ》の中には専修の教《おし》えによりて一向に念仏をすべし。正助二業《しょうじょにごう》の中には、*正業《しょうごう》のすすめによりて、ふた心なくただ第四の称名念仏をすべし。

【津戸三郎へつかわす御返事（十月十八日付）・昭法全五六八】

43

お念仏を称《とな》えて往生浄土を願う人は、お釈迦さまや阿弥陀さまの御心に適《かな》っている方です。お念仏以外の諸行を修して往生浄土を願う人は、お釈迦さまや阿弥陀さまの御心に背いている方です。

念仏を修して浄土をもとむるものは、釈迦・弥陀の御こころにあいかなえり。雑業《ぞうごう》を修して浄土をもとむるものは、釈迦・弥陀の御こころにそむけり。

【大胡の太郎実秀が妻室のもとへつかはす御返事・昭法全五一三】

44

だいたいにおいて、お念仏の教えを非難する人は、＊地獄に堕《お》ちて途方《とほう》もなく永い間、苦しみを受けることになるでしょう。お念仏の教えを信じる人は、浄土に往生して量り知れないほどの幸せを受けることになるでしょう。

おおよそ念仏を謗《ほう》ずるものは、地獄におちて五＊劫苦《ごこうく》をうくることきわまりなし。念仏を信ずるものは、浄土に生まれて無量楽《むりょうらく》をうくることきわ

まりなし。【大胡の太郎実秀が妻室のもとへつかはす御返事・昭法全五一三】

45

浄土宗の教えにおいて、*善導大師《ぜんどうだいし》の御釈《おんしゃく》を要約すれば「浄土往生のための行は、大きく分けて二つとする。一つには正《まさ》しく西方極楽往生を遂げるための*正行《しょうぎょう》であり、二つにはその他、諸々の*雑行《ぞうぎょう》である。一つめの正行にも多くの行がある。第一読誦正行《どくじゅしょうぎょう》とは、『無量寿経《むりょうじゅきょう》』・『観無量寿経《かんむりょうじゅきょう》』・『阿弥陀経《あみだきょう》』という浄土*三部経《さんぶきょう》を拝読すること。第二観察正行《かんざつしょうぎょう》とは、阿弥陀仏や観音《かんのん》・勢至《せいし》などのもろもろの菩薩《ぼさつ》の姿、極楽浄土のありさまを心を静めて想《おも》うこと。第三礼拝《らいはい》正行《しょうぎょう》とは、阿弥陀仏を礼拝すること。第四*称名正行《しょうみょうしょうぎょう》とは、南無阿弥陀仏と念仏を称《とな》えること。第五讃歎供養正行《さんだんくようしょうぎょう》とは、阿弥陀仏を讃じたたえ供養すること。以上を五種正行と名付ける。ただ、讃歎供養正行の讃歎と供養とを二つに分けて、六種正行ということもある」ということになります。

浄土宗のこころ、❶善導の御釈には、往生の行を、おおきにわかちて二つとす。一つには正行、二つには雑行なり。はじめの正行というは、それにま

45-2

たあまたの行あり。はじめに読誦の正行、これは大無量寿経・観無量寿経・阿弥陀経等の三部経をよむなり。つぎに観察正行、これは極楽の依《え》正《しょう》二《に》報《ほう》のありさまを観ずるなり。つぎに礼拝正行、これも阿弥陀仏を礼拝するなり。つぎに称名正行、これは南無阿弥陀仏ととのうるなり。つぎに讃歎供養正行、これは阿弥陀仏を讃歎供養したてまつるなり。これをさして五種の正行となづく。讃歎と供養とを二つにわかつには、六種の正行とも申すなり。【大胡の太郎実秀へつかはす御返事・昭法全五二二】

*起行《きぎょう》というは、*善導《ぜんどう》の御心《おんこころ》によらば、❶往生の行おおしといえども大きにわかちて二つとす。一つには*正行《しょうぎょう》、二つには*雑行《ぞうぎょう》なり。正行というは、これに又あまたの行あり。読誦《どくじゅ》正行、観察《かんざつ》正行、礼拝《らいはい》正行、称名《しょうみょう》正行、讃《さん》歎《だん》供《く》養《よう》正行。これらを五種の正行となづく。讃歎と供養とを二行とわかつ時には、六種の正行とも申すなり。【浄土宗略抄（鎌倉二位の禅尼に進ぜられし書）・昭法全六〇〇】

❶『観経疏』散善義巻第四　浄全四・五八下／聖典二・二二五

*善導大師《ぜんどうだいし》は、*正行《しょうぎょう》について次のように二つにまとめられています。まず第一には「ただひたすらに心をよせて阿弥陀仏の名号《みょうごう》を称《とな》え、立っていても座っていても、また起きていても横になっていても、四六時中忘れることなく称えることを、まさしく阿弥陀仏が選定され往生が定まった行、すなわち*正定《しょうじょう》の業《ごう》と名付ける。何故なら阿弥陀仏が*本願に誓われた行だからである」として、称名正行であるお念仏こそが正《まさ》に本願に定められた往生の業であると述べられています。そして第二に「礼拝《らいはい》や読誦《どくじゅ》の正行などその他の行は、念仏に心を向かわせる手助けとなる行、すなわち*助業《じょごう》である」として、お念仏以外の礼拝や読誦や観察《かんざつ》や讃歎《さんだん》供養《くよう》などの正行を、念仏者をして、より一層お念仏に向かわせるための行であると述べられています。

正行につきて、ふさねて二種とす。一つには❶一心《いっしん》にもはら弥陀の名号をとなえて、立居《たちい》起臥《おきふし》夜昼《よるひる》わするることなく、念々に捨《す》てざるを、正定の業と

❶前出に同じ

なづく。かの仏の願によるがゆえにと申して、念仏をもて、まさしきさだめたる往生の業にたてて、礼誦《らいじゅ》等によるをば、なづけて助業とすと申して、念仏のほかの礼拝や読誦や観察や讃歎供養などをば、かの念仏者をたすくる業と申し候なり。

【大胡の太郎実秀へつかはす御返事・昭法全五二三】
❶『観経疏』散善義巻第四　浄全二・五八下／聖典二・一二六

46-2

*正行《しょうぎょう》につきて、ふさねて二つとす。❶一つには一心にもはら弥陀の名号《みょうごう》をとなえて、行住坐臥《ぎょうじゅうざが》に夜昼《よるひる》忘るる事なく、念々にすてざるを*正定《しょうじょう》の業《ごう》となづく。かのほとけの願に順ずるがゆえにといいて、念仏をもて正《まさ》しく定《さだ》めたる往生の業にたてて、もし礼誦《らいじゅ》等によるをば、なづけて助業《じょごう》とすといいて、念仏のほかに阿弥陀仏を礼し、もしは*三部経《さんぶきょう》をよみ、もしは極楽のありさまを観ずるも、讃歎供養《さんだんくよう》したてまつる事も、みな称名《しょうみょう》念仏を助けんがためなり。

【浄土宗略抄（鎌倉二位の禅尼に進ぜられし書）・昭法全六〇一】
❶前出に同じ

47

（*善導大師《ぜんどうだいし》のお言葉を要約すれば）「*正行《しょうぎょう》を修すれば、心は常に阿弥陀仏の極楽浄土に親しみ近づき、浄土への憶《おも》いには絶え間が生じない。一方、*雑行《ぞうぎょう》を行ずると、浄土を憶う心は常にとぎれがちになってしまう。そうした雑行を修めても、その*功徳《くどく》を振り向ければ往生が叶うとはいうものの、雑行は往生のためには疎《うと》く雑多な行である」として、雑行は極楽往生には疎雑《そぞう》な行であるとされています。

さきの❶正行を修するには、こころつねにかの国に親近《しんごん》して、憶念《おくねん》ひまなし。のちの雑行を行ずるには、こころつねに間断《けんだん》す。*廻向《えこう》して生まるることをうべしといえども、疎雑の行となづくといいて、極楽にはうとき行とたてたり。
【大胡の太郎実秀へつかはす御返事・昭法全五二三】

❶前出に同じ

47-2

❶*正行《しょうぎょう》を修するは、心つねにかの国に親近《しんごん》して憶念《おくねん》ひまなし。*雑行《ぞうぎょう》を行ず

るものは、心つねに間断《けんだん》す、*廻向《えこう》して生まるる事をうべしといえども、疎《そ》雑《ぞう》の行となづくといいて、極楽にうとき行といえり。

【浄土宗略抄（鎌倉二位の禅尼に進ぜられし書）・昭法全六〇二】

❶前出に同じ

48

専《もっぱ》らお念仏の行に励む人は、十人いれば十人すべてが往生し、百人いれば百人すべてが往生します。（中略）ところがそれ以外の行を修する人は、百人いてもわずかに一人か二人、千人いてもわずかに四人か五人のみ往生が叶うに過ぎません。

❶*専修《せんじゅ》のものは十人は十人ながら生まれ、百人は百人ながら生まる。（中略）*雑修《ざっしゅ》のものは、百人には一、二人生まれ、千人には四、五人生まる。
【浄土宗略抄（鎌倉二位の禅尼に進ぜられし書）・昭法全六〇二】

❶『往生礼讃』「若シ能ク上ノ如ク念念相続シテ畢命ヲ期ト為ル者ハ、十ハ即チ十生ジ、百ハ即チ百生

ズ（中略）若シ専ヲ捨テ雑業ヲ修セント欲スル者ハ、百ノ時希ニ一二ヲ得、千ノ時希ニ五三ヲ得（以下略）」（原漢文）浄全四・三五六下（ただし、往生人の数に相違あり）

48-2

*❶専修《せんじゅ》のものは、十人は十人ながら生まれ、百人は百人ながら生まる。（中略）*雑修《ざっしゅ》のものは、百人に一、二人、千人に四、五人生まる。【大胡の太郎実秀へつかはす御返事・昭法全五二三】

❶前出に同じ

49

専《もっぱ》らお念仏の行に励む人は、百人いれば百人すべてが往生を遂げることができますが、お念仏以外の行を修する人は千人いてもそのうちわずかに一人か二人が往生するのみです。

*❶専修《せんじゅ》の者は百人は百人ながら往生し、*雑修《ざっしゅ》の者は千人が中にわずかに一、二人あるなり。【津戸三郎へつかはす御返事（十月十八日付）・昭法全五六八】

50

言うまでもありませんが、お念仏を称《とな》える人は、十人いれば、十人すべてが往生し、百人いれば、百人すべてが往生します。（中略）お念仏以外の行を修する人は、百人いても、希《まれ》に一、二人だけが、千人いても、わずかに五人ばかりが往生することができ、その他《ほか》の人々は往生することができません。

❶前出に同じ

いわゆる念仏のひとは❶十はすなわち十ながら生じ、百は百ながら生ずるこれなり。（中略）*雑修《ざっしゅ》のものは百人の中にまれに一、二人往生する事をう。その余は千人の中にわずかに五人生まる、のこりは生まれず。

【大胡の太郎実秀が妻室のもとへつかはす御返事・昭法全五一二】

❶前出に同じ

第二節　称名念仏――ただひたすらに

51
お念仏は、心を静めて常住不変の真理を想《おも》うのでもなく、仏さまの妙《たえ》なる姿・形をありありと想い描くのでもなく、ただ一心に専《もっぱ》ら阿弥陀さまのお名前をお称《とな》えする、これをお念仏というのです。こうしたことから称名《しょうみょう》念仏と名付けられているのです。

> 念仏は仏の法身《ほっしん》を観ずるにもあらず、仏の＊相好《そうごう》を観ずるにもあらず。ただ心をひとつにして、もはら弥陀の名号《みょうごう》を称するを、これを念仏とは申すなり。かるがゆえに称名とはなづけて候なり。
> 【大胡の太郎実秀が妻室のもとへつかはす御返事・昭法全五〇八】

52
人々がお堂を建てたり、仏像を造ったり、写経をしたり、僧侶に供養することは、お念仏を称《とな》える励みとなり、またお念仏との縁《えん》を結ぶよすがとなることはあっても、それらのことによってお念仏が妨げられたり、*専修《せんじゅ》に差し支えになるほどのことはありません。

人々のあるいは堂をもつくり、仏をもつくり、経をもかき、僧をも供養せんには、ちからをくわえ縁をむすばんが、念仏をさまたげ、専修をさうるほどの事は候まじ。

【津戸三郎へつかはす御返事（九月十八日付）・昭法全五〇三】

52-2 人々がお堂を建て、仏像を造り、写経をし、僧侶に供養することによって、心乱れることなく往生浄土の願いが発《おこ》るのであれば、お念仏以外のこうしたさまざまな善行をなさいますように、とお勧めになってください。
人々の堂をつくり、仏をつくり、経をかき、僧を供養せん事は、こころみだれずして、信をおこして、かくのごときの雑善根《ぞうぜんごん》をも、修せさせたまえと、御《おん》すすめ候べし。

【鎌倉の二位の禅尼へ進ずる御返事・昭法全五三〇】

この世での安穏《あんのん》や幸せを願って仏さまや神さまに祈ることは、差し支えありません。けれども後生《ごしょう》の往生のためにと、お念《ご》仏以外の行を修することは、お念仏を妨げることになりますから、よろしいことではありません。この世での御利益《りやく》のために祈ることは往生のためではありませんので、仏さまや神さまに祈りを捧げても格別不都合なことではありません。

この世のいのりに、仏にも神にも申さん事は、そもくるしみ候まじ。後世《ごせ》の往生、念仏のほかにあらぬ行をするこそ、念仏をさまたぐれば、あしき事にて候《そうら》え。この世のためにする事は、往生のためにては候《そうら》わねば、仏神《ぶっしん》のいのり、さらにくるしかるまじく候なり。

【津戸三郎へつかはす御返事（九月十八日付）・昭法全五〇四】

53-2　お念仏とはどういうものかと知らないままに、この世での安穏《あんのん》や幸せを願って仏さまや神さまに祈念し、写経をし、お堂を造ろうとすることは、(中略)少なくとも後の世の極楽往生への願いを発《おこ》すきっかけになるならば、それも結構なことでしょう。その必要はない、などとおっしゃってはいけません。専《もっぱ》らお念仏を称《とな》えることの妨げになってしまうほどではないとお思いになってください。

このよのいのりに、念仏のこころをしらずして、仏神《ぶっしん》にも申し、経をもかき、堂をもつくらんと、(中略)せめてはまた後世《ごせ》のために、つかまつらばこそ候《そうら》わめ。その用事なしとおおせ候べからず。*専修《せんじゅ》をさえぬ行にてもあらざりけりとも、おぼしめし候べし。

【鎌倉の二位の禅尼へ進ずる御返事・昭法全五三〇】

54　*善導大師《ぜんどうだいし》がお勧めになられた称名《しょうみょう》*正行《しょうぎょう》のみを修することさえ気が進まないという有り様なのに、お勧めになられていない*雑行《ぞうぎょう》をも修そうなどとは、どうかと思います。
すすめたまいつる正行ばかりをだにも、なおものうき身に、いまだすすめたまわぬ雑行をくわえん事は、まことしからぬかたも候ぞかし。
【大胡の太郎実秀へつかはす御返事・昭法全五二四】

54-2
すすめ給える*正行《しょうぎょう》をだにも猶《なお》もの憂《う》き身にて、いまだすすめ給わぬ雑行《ぞうぎょう》を加うべき事は、まことしからぬ方《かた》もありぬべし。
【浄土宗略抄（鎌倉二位の禅尼に進ぜられし書）・昭法全六〇二】

55
*善導大師《ぜんどうだいし》のご教示を深く信じて浄土宗の教えに帰依《きえ》した人は、ただひたすらに称名《しょうみょう》*正行《しょうぎょう》を修するべきです。
善導和尚《かしょう》をふかく信じて、浄土宗にいらん人は、一向《いっこう》に正行を修すべし。
【大胡の太郎実秀へつかはす御返事・昭法全五二四】

（↓類似法語・113参照）

第三節　時と人に適《かな》い——時機相応の教え

56

念仏による浄土往生は、どのような邪魔や非難を受けようとも、叶わない道理など全くありません。「さほど善根《ぜんごん》を積んでいない者は往生できるはずがない」と言われても、一遍十遍のお念仏でさえ阿弥陀さまの*本願に漏れることはありません。「罪が重いから無理だ」と言われても、*十悪《じゅうあく》五逆《ごぎゃく》といった重い罪を犯してしまった人でさえも往生できると説かれています。「阿弥陀さまはお前のような者を嫌われる」などと言われても、常に迷いの世界をさまよい続ける*凡《ぼん》夫《ぶ》こそ、まさに阿弥陀さまの本願に救われる者なのです。「お釈迦さまがいらした時代からはるかな時を経た*末法《まっぽう》の時代には往生は叶わぬ」と言われても、末法が万年《まんねん》続いた後、仏法が滅んでしまう乱れた時代になってもお念仏の教えだけは栄えているのです。凡夫がどんなに避けようともこの教えから漏れることはありません。「阿弥陀さまは、悪人であろうと世が末法であろうと必ず救い摂《と》ってくださる仏さまなのだ」と心からおすがりして、自分の身のほどを卑下することなどせず、「阿弥陀さまの本願の大いなるはたらきによって、善人も悪人もかかわりなくすべての凡夫が往生できるのだ」と信ずれば良いものを、その本願を疑って往生の大きな障害になってしまうのです。

念仏往生は、いかにもして障《さわ》りを出し、難ぜんとすれども、往生すまじき道理はおおかた候《そうら》わぬ。善根すくなしといわんとすれば、一念十念漏《も》るる事なく、罪障おもしといわんとすれば、十悪五逆《じゅうあくごぎゃく》も往生をとぐ。人を嫌わんといわんとすれば、常没流転《じょうもつるてん》の凡夫を、正《まさ》しき器《うつわもの》とせり。時くだれりといわんとすれば、末法万年のすえ、法滅已後《ほうめついご》さかりなるべし。この法はいかに嫌わんとすれども、漏るる事なし。ただ力およばざる事は、悪人をも、時をもえらばず、摂取《せっしゅ》し給《たも》う仏なりと、深くたのみてわが身をかえりみず、ひとすじに仏の大願業力《だいがんごうりき》によりて、善悪の凡夫往生を得《う》と信ぜずして、本願を疑《うたご》うばかりこそ、往生には大きなる障りにて候《そうら》え。

【ある人のもとへつかはす御消息・昭法全五八六】

57
（あなたの周りに、専《もっぱ》らお念仏を称《とな》えて浄土往生を目指すお仲間がそんなに多く集ったのは大変有り難いことです。）御縁《ごえん》のないことには、人がわざわざ勧めても結ばれないものです。まして、詳しいことをご存じない方が「お念仏を称えましょう」と勧められてもそれには同調しないでしょうから、このたびは皆さんの資質、そして御教えを受け入れるだけの条件が相い整い、お念仏との御縁が結ばれる時が自ずとおとずれたということです。だからこそ専修《＊せんじゅ》念仏に励む人がそれほどお集まりになられたのでしょう、と拝察し尊いことと存ずる次第です。

縁《えん》なき事は、わざと人にすすめ候にだにも、かなわぬ事にて候に、子細《しさい》も知らせ給わぬ人なんどの、おおせられんによるべき事にても候《そうら》わぬに、もとより機縁純熟《きえんじゅんじゅく》して、時いたりたる事にて候へばこそ、さ程《ほど》に専修の人なんどは候らめと、おしはかりあわれにおぼえ候。

【津戸三郎へつかわす御返事（九月二十八日付）・昭法全五七一】

第五章　信——心のあり方

第一節　信を発《おこ》す

58
果てしない古《いにしえ》の過去から今まで、*地獄《じごく》・餓鬼《がき》・畜生《ちくしょう》・修羅《しゅら》・人《にん》・天《てん》という六つの世界に生まれ変わり死に変わりを繰り返していた間、その姿形は変わりはしても、心の本性は変わることなく、種々様々に罪を造り重ね、今となっては物《もの》馴《な》れて、たやすく罪を造ってしまうのです。お念仏を称《とな》えて往生したいと思うことは、永い時間を経た果てに、今ようやく初めてその教えを聞けたことによるのですから、すぐに信じられないのも無理からぬことです。

無始《むし》よりこのかた*六趣《ろくしゅ》にめぐりし時も、かたちは替われども心は替わらずして、いろいろさまざまにつくりならいて候《そうら》えば、いまもういういしからず、やすくはつくられ候《そうら》え。念仏申して往生せばやとおもう事は、このたびはじめてわずかに聞き得たる事にて候《そうら》えば、急《き》とは信ぜられ候《そうら》わぬなり。
【往生浄土用心・昭法全五六二】

59

このたびこそは必ず往生するぞと思い定めるべきです。享《う》けがたい人の身としてこの世に生を享け、遇《あ》いがたい念仏往生のみ教えにめぐり遇い、苦しみ多いこの娑婆《しゃば》世界を厭《いと》って、極楽往生を願う気持ちが発《おき》たのです。阿弥陀さまの本*願はまことに慈悲深いのですから、往生するか否かは、そなたの心がけ次第です。決してお念仏を怠ることなくつとめ励んで、必ず往生するのだということを心得なさい。

まことにこのたび、かまえて往生しなんと、おぼしめしきるべく候。うけがたき人身《にんじん》すでにうけたり、あいがたき念仏往生の法門にあいたり。娑婆をいとうこころあり、極楽をねがうこころおこりたり。弥陀の本願ふかし、往生はただ御《おん》こころにあるなり、ゆめゆめ御念仏おこたらず、決定往生《けつじょうおうじょう》のよしを存ぜさせたもうべく候。

【熊谷入道へつかはす御返事（九月十六日付）・昭法全五三七】

59-2

このたびかまえて往生しなんと思《おぼ》し食《め》し切るべく候。受け難き人身已《にんじんすで》に受けたり、逢《あ》いがたき念仏往生の法門にあいたり、娑婆《しゃば》を厭《いと》う心あり、極楽を欣《ねご》う心発《おこ》りたり、弥陀の本願*ふかく、往生は御心《おんこころ》にあるべきなり。ゆめゆめ御念仏おこたらず、決定往生《けつじょうおうじょう》の由《よし》を存ぜさせ給《たも》うべく候。

【津戸三郎へつかはす御返事（或時の消息）・昭法全六〇七】

60

日々、念仏をつとめる者が承知しておくべきことは、死後どうなるかを案じて極楽往生を願って念仏すれば、臨終の際には必ず阿弥陀さまのお迎えをいただけると心得てお念仏を称《とな》えるということだけです。

念仏の行者の存じ候べきようは、後世《ごせ》をおそれ往生を願いて念仏すれば、終わるときかならず来迎《らいこう》せさせ給《たも》うよしを存じて、念仏するよりほかのことは候《そうら》わず。

【法性寺左京大夫の伯母なりける女房に遺はす御返事・昭法全五八九】

61
「念仏など称《とな》えてはならない」と言われても、往生の志《こころざし》を持っている人はそんなことには耳を貸さないものです。反対に「お念仏をよくよく称えるように」と言われても、往生の志を持たない人は耳を貸さないものです。いずれにしても、他の人のことはさておいて、あなたさま自身はこのたびこそ往生しようとお心得ください。

念仏申すべからずとおおせられ候とも、往生に心ざしあらん人は、それにより候まじ。念仏よくよく申せとおおせられ候とも、*道心《どうしん》なからん者は、それにより候まじ。とにかくにつけても、このたび往生しなんと、人をばしらず、御身《おんみ》にかぎりては、おぼしめすべし。
【津戸三郎へつかはす御返事（十月十八日付）・昭法全五六九】

62
私たちの往生が叶うか叶わないかということは、決して自身の善悪とは関係ありません。それは阿弥陀さまの*本願のお力によるのです。（中略）私たちがそのお力を信じるか信じないか、まさにそのことによるのです。

われらが往生はゆめゆめわが身の善き悪《あ》しきにはより候まじ。ひとえに仏の御《おん》ちからばかりにて候べきなり。（中略）ただ仏の願力を信じ信ぜぬにぞより候き。

【正如房へつかはす御文・昭法全五四一】

63

*凡夫《ぼんぶ》の浅はかなはからいごとなどを聞き入れることなく、お念仏を称《とな》える者は必ずお救いくださるという阿弥陀さまのお誓いに、ひたすらおすがりなさいますように。

凡夫のはからいをば、聞き入れさせおわしまさで、ひとすじに仏の御《おん》ちかいをたのみまいらせさせたもうべく候。

【正如房へつかはす御文・昭法全五四三】

第二節　信のすがた

一、信をそなえる

64
浄土に往生しようと志す人は、安心《あんじん》・起行《きぎょう》と申しまして、心と行いが合致するようにすべきです。
浄土に往生せんとおもわん人は、安心・起行と申して、心と行との相応すべきなり。
【御消息・昭法全五七七】

64-2
浄土往生の教えに帰依《きえ》して修すべき行について申しますならば、心と行いが合致するようにすべきです。
浄土門《じょうどもん》に入《い》りて行《おこの》うべき行につきて申さば、心と行と相応すべきなり。

【浄土宗略抄（鎌倉二位の禅尼に進ぜられし書）・昭法全五九三】

65

*安心《あんじん》というのは、往生を遂げるための心づかいのありさまです。

安心というは、心づかいのありさまなり。

【浄土宗略抄（鎌倉二位の禅尼に進ぜられし書）・昭法全五九三】

66

『観無量寿経《かんむりょうじゅきょう》』には「極楽浄土に生まれたいと願う者は、三種の心を発《おこ》したならば往生できる。三種とは一つには至誠心《しじょうしん》、二つには深心《じんしん》、三つには*廻向発《えこうほっ》願心《がんしん》である。この三心《さんじん》を具《そな》えた者は必ず極楽浄土に往生する」と説かれています。

観無量寿経に釈していわく、❶もし衆生《しゅじょう》ありて、かの国に生まれんとねがわんものは、三種の心を発して、すなわち往生すべし。何をか三つとする。

一つには至誠心、二つには深心、三つには廻向発願心なり。三心を具《ぐ》せるもの、かならずかの国に生まるといえり。【御消息・昭法全五七七】
❶『観無量寿経』浄全一・四六／聖典一・一七六

66-2

観無量寿経《かんむりょうじゅきょう》に説《とき》ていわく、❶もし衆生《しゅじょう》ありて、かの国に生まれんと願ずるものは、三種の心をおこして、すなわち往生すべし。何等《なんら》をか三《さん》とする、一つには至誠心《しじょうしん》、二つには深心《じんしん》、三つには廻向発願心《＊えこうほつがんしん》なり。三心《さんじん》を具《ぐ》するものは、かならずかの国に生まるといえり。

【浄土宗略抄（鎌倉二位の禅尼に進ぜられし書）・昭法全五九三】
❶前出に同じ

67

「三心《さんじん》を具《そな》えたならば必ず往生する。そのうち一つでも揃わなければ往生は叶わない」と善導大師《＊ぜんどうだいし》が解釈されていますからには、往生を願う人は必ずこの三心を具えるべきです。しかしこのように言いますと、三心はなにやらまちまちで仰々《ぎょうぎょう》しいもののように思われるでしょうが、心得《こころえ》てみれば、実は具えやすい心なのです。要は、ただまことの思いで、阿弥陀さまの本願*におすがりして、往生を願う心なのです。

❶三心を具《ぐ》して、かならず往生す。一つの心もかけぬれば、生まるる事を得ずと、善導は釈し給いたれば、往生を願わん人は最《もと》もこの三心を具すべきなり。しかるにかように申したるには、別々にて事々《ことごと》しきようなれども、心得解《とく》くにはさすがにやすく具しぬべき心にて候なり。詮《せん》じてはただまことの心ありて、深く仏のちかいをたのみて、往生を願わんずるにて候ぞかし。
【御消息・昭法全五八四】

❶『往生礼讃』浄全四・三五四下

67-2

❶三心《さんじん》を具《ぐ》してかならず往生す。もし一心もかけぬれば生まるる事を得ずと、*善導《ぜんどう》は釈し給いたれば、尤《もと》もこの心を具足《ぐそく》すべきなり。しかるにかように申したつる時は、別々にして事々《ことごと》しきようなれども、心得《こころえ》解《と》けばやすく具しぬべき心なり。詮《せん》じてはまことの心ありて、深く仏のちかいをたのみて、往生を願わんずる心なり。

【浄土宗略抄（鎌倉二位の禅尼に進ぜられし書）・昭法全六〇〇】
❶前出に同じ

68
「三心《さんじん》を具《そな》えれば、必ず極楽往生が叶う。もし三心の一つでも揃わなければ極楽往生は叶わない」と、*善導大師《ぜんどうだいし》はおっしゃっています。
❶三心を具足《ぐそく》して、かならず往生す、このこころひとつもかけぬれば往生せずと善導は釈したまえるなり。
【大胡の太郎実秀へつかはす御返事・昭法全五一九】
❶前出に同じ

69
三心《さんじん》と言いましても、ひとことで言うならば、ただ往生を願う心ということになります。その願う心の、正直で飾ることがないさまを至誠心《しじょうしん》と呼びます。
そのようなまことの心でお念仏したならば、臨終には必ず仏さまのお迎えがあると信じて少しも疑わないさまを深心《じんしん》と呼びます。その上で自分自身が極楽浄土へ往生したいと思い、すべての善根《ぜんごん》を往生のために振り向けるさまを*廻向心《えこうしん》と呼ぶのです。

三心と申し候も、ふさねて申すときは、ただ一つの願心《がんしん》にて候なり。その願《ねご》う心の、いつわらずかざらぬかたをば至誠心と申し候。このこころまことにて念仏すれば、臨終に来迎《らいこう》すということを、一念も疑わぬかたを深心とは申し候。このうえわが身もかの土へ生まれんと思い、行業《ぎょうごう》をも往生のためとむくるを廻向心とは申し候なり。
【法性寺左京太夫の伯母なりけるに遺はす御返事・昭法全五八九】

三心《さんじん》を一々分けて説明すると、いかにも別々の心であるように思われるかも知れませんが、詮じつめれば、三心が具《そな》わった心とは真実の心を発《おこ》し、深く*本願を信じ、往生を願う心のことをいうのです。

三心とわかつおりは、かくのごとく別々にあるようなれども、詮ずるところは、真実のこころをおこして、ふかく本願を信じて、往生をねがわんこころを、三心具足《ぐそく》のこころとは申すべきなり。

【大胡の太郎実秀へつかはす御返事・昭法全五一九】

71

自分の心に三心《さんじん》が具《そな》わったと実感できたならば、心強くも思えましょう。反対に、まだ具わっていないと感じたならば、心を奮い立たせてお念仏し、何としてでも具わるようにしようとお思いになるのはよいことです。


わが心には三心具《ぐ》したりとおぼえば、心づよくもおぼえ、又具せずとおぼえば、心をもはげまして、かまえて具せんとおもい知り候《そうら》わんは、よくこそは候《そうら》いぬべし。

【御消息・昭法全五八五】

71-2

三心《さんじん》がまだ欠けていると感じたならば、何としてでも具《そな》わるようにしようと心を奮い立たせて、お念仏に励むべきです。
三心はかけたりとも思わんをば、かまえてかまえて具足《ぐそく》せんとはげむべきことなり。
【浄土宗略抄（鎌倉二位の禅尼に進ぜられし書）・昭法全六〇〇】

72
三心《さんじん》は、その名称すら知らない人にも具《そな》わるものです。その一方、実に細かにその内容を理解している人の中にも、その通りには具わっていない人もいるものです。
その名をだにもしらぬものも、このこころをばそなえつべく、またよくよくしりたらん人の中にも、そのままに具《ぐ》せぬも候《そうらい》ぬべきこころにて候なり。
【大胡の太郎実秀へつかはす御返事・昭法全五二〇】

73
極楽往生を願う心に嘘偽りがなく、心底往生したいと思うのであれば、三心《さんじん》は

自然に具《そな》わってくるのです。

願《ねご》う心いつわらずして、げに往生せんとおもい候《そうら》えば、おのずから、三心は具足《ぐそく》することにて候なり。

【法性寺左京大夫の伯母なりける女房に遣はす御返事・昭法全五八九】

74
心から往生を願ってお念仏を称《とな》えている人には、三心《さんじん》は自ずと具《そな》わるものです。
まめやかに往生せんとおもいて念仏申さん人は、自然《じねん》に具足《ぐそく》しぬべきこころにて候。
【大胡の太郎実秀へつかはす御返事・昭法全五一五】

二、誠の心——至誠心

75
***善導大師《ぜんどうだいし》は、三心《さんじん》を解釈して「はじめの至誠心《しじょうしん》とは、至《し》とは真《しん》の意、誠《じょう》とは**

実《じつ》の意である」と説明されています。

善導和尚《かしょう》この三心を釈しての給わく、❶はじめの至誠心というは至というは真なり、誠というは実なり。

【浄土宗略抄（鎌倉二位の禅尼に進ぜられし書）・昭法全五九三】
❶『観経疏』散善義巻第四　浄全二・五五下／聖典二・二一九

75-2
*善導《ぜんどう》和尚《かしょう》この三心《さんじん》を釈していわく、❶一つに至誠心《しじょうしん》というは、至《し》というは真《しん》なり、誠《じょう》というは実《じつ》なり。
【御消息・昭法全五七七】
❶前出に同じ

76
至誠心《しじょうしん》とは真実の心のことです。真実というのは、内面とは裏腹に外面ばかりを飾りたてようとする、そうした心のないことをいうのです。

77

至誠心というは真実心なり。真実というは、うちにはむなしくして、外にはかざるこころなきを申すなり。

【大胡の太郎実秀へつかはす御返事・昭法全五一六】

至誠心《しじょうしん》とは真実の心をいいます。その真実とは、身の振る舞いにおいても、言葉を口にするときも、心に思うときも、嘘偽《うそいつわ》りのないまことの心を忘れずに、ということです。つまり、心とは裏腹に自分を取り繕《つくろ》ってしまうことがないのをいうのです。この心は無常の憂き世を厭《いと》い、まことの道に赴《おもむ》きたいと願う人々にとっては、常に心がけておくべきことです。

至誠心というは真実の心なり。その真実というは、身にふるまい、口にいい、心におもわん事、みなまことの心を具《ぐ》すべきなり、すなわち内《うち》はむなしくして、外《ほか》をかざる心のなきをいう。この心は憂《う》き世をそむきてまことの道におもむくとおぼしき人々の中に、よくよく用意すべき心ばえにて候なり。

【御消息・昭法全五七七】

77-2
至誠心《しじょうしん》と説かれたるは、すなわち真実の心なり。真実というは、身にふるまい口にいい心に思わん事も、内《うち》むなしくして外《ほか》をかざる心なきをいうなり。
【浄土宗略抄（鎌倉二位の禅尼に進ぜられし書）・昭法全五九三】

78
*善導大師《ぜんどうだいし》は、（中略）『観無量寿経《かんむりょうじゅきょう》』を解釈して次のようにおっしゃっています。「外には賢明なる善人として努力しているようなふりをしながら、内に、それと裏腹の気持ちを抱いてはならない」と。この善導大師の解釈の意《こころ》は、内面は愚かであるのに、外面を取り繕《つくろ》い、賢明な人と思われように振る舞ったり、また、内面には悪《あ》しき心があるのに、外面はいかにも善人であるかのような行いをしたり、あるいは、内面は怠けてばかりいるのに、外面はいかにも努力しているさまを演じてみたりする、こういったさまを真実でない心というのです。内面でも外面でも、ただありのままで飾る心のないことを善導大師は至誠心《しじょうしん》と名付けられたのでしょう。

善導和尚《かしょう》（中略）観無量寿経を釈してのたまわく、❶外《ほか》に賢善《けんぜん》精進《しょうじん》の相を現じて、内《うち》には虚仮《こけ》をいだく事なかれと。この釈のこころは、内にはおろかにして、外にはかしこき人とおもわれんとふるまい、内には悪をつくりて、外には善人のよしをしめし、内には懈怠《けだい》にして、外には精進の相を現ずるを、実《じつ》ならぬ心とは申すなり。内にも外にも、ただあるままにて、かざるこころなきを、至誠心とはなづけたるにこそ候めれ。

【大胡の太郎実秀へつかはす御返事・昭法全五一六】

❶『観経疏』散善義巻第四　浄全二・五五下／聖典一・一一九

79

至誠心《しじょうしん》については四つの型があります。第一に、外見は貴《とうと》いように見えても、心のなかはそうでない人がいます。第二に、外見も心のなかもともに貴くない人がいます。第三に、外見は貴くなくても心のなかは貴い人がいます。第四に、外見も心のなかもともに貴い人がいます。この四つの型のうち前の二人は、そうあってはならない、至誠心の欠けている人ですから、これを虚仮《こけ》の人と名付けましょう。後の二人は至誠心を具《そな》えた人ですから、彼らを真実の行者と名付けましょう。要は、外見が良かろうと悪かろうと、ただ内にまことの心を持っているならば、それでよいということなのです。おおかた、この世を厭《いと》うことも、極楽を欣《ねが》うことも、人目ばかりを気にしないで、まことの心を持つべきです。このような心を至誠心といいます。

この心(至誠心)につきて四句《しく》の不同あるべし。一つには外相《げそう》は貴《とうと》げにて、内心は貴からぬ人あり。二つには外相も内心も、ともに貴からぬ人あり。三つには外相は貴けもなくて内心は貴き人あり。四つには外相も内心もともに貴き人あり。四人が中にはさきの二人はいま嫌うところの至誠心かけたる人なり。これを虚仮の人となづくべし。のちの二人は至誠心具《ぐ》したる人なり。これを真実の行者となづくべし。されば詮《せん》ずるところは、ただ内心にまことの心を発《おこ》して、外相はよくもあれ、あしくもあれ、とてもかくてもあるべきにやとおぼえ候なり。おおかたこの世をいとわん事も、極楽をねがわん事も、人目ばかりを思わで、まことの心を発すべきにて候なり。これを至誠心と申し候なり。【御消息・昭法全五七九】

80
結局のところ、阿弥陀さまの御心にかなうよう誠実につとめ、内面には嘘偽《うそいつわ》りのないまことの心を発《おこ》し、外面はその時々に応じるべきです。だからといって、内面のまことの心がなしくずしになるような振る舞いをしては至誠心《しじょうしん》が欠けてしまいます。ただまことの心を保ち、ともかく、外面の振る舞いについてはその時々に応じていればよいのです。

詮《せん》ずるところは、まめやかに仏《ほとけ》の御心にかなわん事を思いて、内《うち》にまことをおこして、外相《げそう》をば機嫌《きげん》に随《したご》うべきなり。機嫌に随うがよき事なればとて、やがて内心のまことも破《やぶ》るるまでふるまわば、又至誠心かけたる心になりぬべし。ただ内の心のまことにて、外《ほか》をばとてもかくてもあるべきなり。
【浄土宗略抄（鎌倉二位の禅尼に進ぜられし書）・昭法全五九四】

三、深く信じる心——深心

81
深心《じんしん》というのは、深く信じる心のことです。

深心とは、すなわちふかく信ずるこころなり。
【大胡の太郎実秀へつかはす御返事・昭法全五一六】

82
深心《じんしん》について、*善導大師《ぜんどうだいし》は二つに分けて解釈されています。一つは、「自分は煩悩《ぼんのう》にまみれて罪を犯し、*生死《しょうじ》を繰り返す迷いの世界をさまよい続ける*凡夫《ぼんぶ》である。善い行いも少なく、遥か遠い過去の世から永い間迷いの世界を経巡《へめぐ》って、そこを離れようにも、その縁《えん》すらない身である」と自らを直視すること。もう一つは「阿弥陀さまは、その成就された四十八願のはたらきをめぐらして衆生《しゅじょう》をお救いくださるのだから、名号《みょうごう》を称《とな》えるなら、たとえ十遍であろうと一遍であろうと、阿弥陀さまの*本願力に乗じて必ず往生する」と信じること。そして、これをほんのわずかすらも疑う心がないので深心と名付けるのです。

深心というは、善導釈し給いていわく、❶これに二種あり。一つには、決《けつ》定《じょう》してわが身はこれ煩悩を具《ぐ》せる罪悪《ざいあく》生死《しょうじ》の凡夫なり、善根《ぜんごん》はすくなくして、曠劫《こう*ごう》よりこのかた、つねに三界《*さんがい》に流転《るてん》して出離《しゅつり》の縁《えん》なしと信ずべし。二つには、かの阿弥陀仏四十八願をもて衆生を摂取《せっしゅ》し給《たも》う。すなわち名号を称する事、下十声《しもじっしょう》一声《いっしょう》にいたるまで、かの願力に乗じて、さだめて往生する事を得《う》と信じて、乃至一念《ないしいちねん》も疑《うたご》う心なき故に深心となづく。

【御消息・昭法全五七九】

❶『観経疏』散善義巻第四　浄全二・五六上／聖典二・一二一

82-2
*善導《ぜんどう》釈しての給わく、❶深心《じんしん》というは深く信ずる心なり。これに二つあり。一つには決定《けつじょう》して、わが身はこれ煩悩《ぼんのう》を具足《ぐそく》せる罪悪《ざいあく》*生死《しょうじ》の*凡夫《ぼんぶ》なり。善根薄少《ぜんごんはくしょう》にして、曠劫《こう*ごう》よりこのかた、つねに三界《*さんがい》に流転《るてん》して、出離《しゅつり》の縁《えん》なしと、深く信ずべし。二つには深くかの阿弥陀仏、四十八願をもて衆《しゅ》

生《じょう》を摂受《しょうじゅ》し給《たも》う。すなわち名号をとなうる事、下十声《しもじっしょう》にいたるまで、かの仏《ほとけ》の願力に乗じて、さだめて往生を得《う》と信じて、乃至一念《ないしいちねん》も疑《うたご》う心なきがゆえに深心となづく。

【浄土宗略抄（鎌倉二位の禅尼に進ぜられし書）・昭法全五九四】

❶前出に同じ

83

はじめに我が身のつたなさを省みて（信機《しんき》）、そのうえで阿弥陀さまの*本願を信じるの（信法《しんぽう》）です。つまり、本願のお力が信じられるようになるために、我が身を省みるべきことを先にあげているのです。


はじめにはわが身の程を信じ、のちには仏《ほとけ》の願を信ずるなり。ただしのちの信を決定《けつじょう》せんがために、はじめの信心をばあぐるなり。

【御消息・昭法全五八〇】

83-2

はじめにわが身の程を信じて、のちには仏《ほとけ》のちかいを信ずるなり。のちの

84

信心のために、はじめの信をばあぐるなり。
【浄土宗略抄（鎌倉二位の禅尼に進ぜられし書）・昭法全五九四】

「私のような取るに足らない者が、まさか、たった一遍や十遍のお念仏だけで往生できようはずもない」などと考えてはなりません。すでに*善導大師《ぜんどうだいし》は、後の時代の人々もこのような疑いを抱くであろうと心配されて、我が身のつたなさを省みて（信機《しんき》）阿弥陀さまの*本願を信じる（信法《しんぽう》）という二種の信心をあげたのです。そのために「私たちのような、いまだに煩悩《ぼんのう》を断ち切ることのできない罪つくりな*凡夫《ぼんぶ》といえども、深く弥陀の本願を信じて念仏すれば、たとえわずか一遍であっても、必ず往生が叶う」とお示しになられたのです。

わがごときの輩《ともがら》の、一念十念にてはよもあらじとぞおぼえまじ。しかるを善導和尚《かしょう》、未来の衆生《しゅじょう》の、この疑いを残さん事を鑑《かが》みて、この二種の信心をあげて、❶われらがごとき、いまだ煩悩をも断ぜず、罪をつくれる凡夫なりとも、深く弥陀の本願を信じて念仏すれば、一声《いっしょう》にいたるまで決定《けつじょう》して往生するむねを釈し給えり。

【御消息・昭法全五八〇】
❶『観経疏』散善義巻第四　浄全二・五六上／聖典二・一二二

84-2 むやみに自分自身を卑下して、かえって阿弥陀さまの本願*を疑ってしまう人がいます。すでに*善導大師《ぜんどうだいし》はこのような疑いが起こるであろうと配慮されて、我が身のつたなさを省みて（信機《しんき》）、阿弥陀さまの本願を信じる（信法《しんぽう》）という二つの信心の在り方を示されたのです。そのために「私たちのように煩悩《ぼんのう》が湧《わ》き起こり、罪を造ってしまう*凡夫《ぼんぶ》であっても、深く弥陀の本願を信じて念仏すれば、十遍一遍の念仏までも必ず往生が叶う」と解釈されたのです。

みだりにわが身をかろしめて、かえりてほとけの本願を疑《うたご》う。善導はかねてこの疑いをかがみて、二つの信心の様《よう》をあげて、❶われらがごときの煩悩をもおこし、罪をつくる凡夫なりとも、深く弥陀の本願をあおぎて念仏すれば、十声一声《じっしょういっしょう》にいたるまで、決定《けつじょう》して往生するむねを釈し給えり。

85
往生を願う人たちの中には、*本願の名号《みょうごう》を称《とな》えながらも、なお、心の中でさまざまな妄念《もうねん》が発《おこ》っては往生が出来ないのではないかと恐れ、あるいはお念仏以外の善行《ぜんぎょう》が少ないからと不安に思い、むやみに自分自身を卑下して、往生できないのではないかと思うことは、すでに阿弥陀さまの本願を疑っていることになります。

【浄土宗略抄（鎌倉二位の禅尼に進ぜられし書）・昭法全五九四】
❶前出に同じ

もろもろの往生をねごう人も、本願の名号をばたもちながら、なお内《うち》に妄念のおこるにもおそれ、外《ほか》に余善のすくなきによりて、ひとえにわが身をかろめて、往生を不定《ふじょう》におもうは、すでに仏の本願をうたごうなり。
【大胡の太郎実秀へつかはす御返事・昭法全五一六】

86
深く阿弥陀さまのお誓いにおすがりし「阿弥陀さまは私たちにいかなる過ちがあろうともお嫌いになることなく、臨終には必ずお迎えくださるのだ」と信じて疑わないことを深心《じんしん》というのです。しかし、たとえいかなる罪を犯した者でも分け隔てなくお迎えくださるとはいえ、その教えをいいことに罪をも恐れぬ振る舞いをしてはなりません。

深く仏《ほとけ》のちかいをたのみて、いかなる過《とが》をも嫌わず、一定《いちじょう》迎え給《たも》うぞと信じて、疑《うたご》う心のなきを深心とは申し候なり。いかなる過をも嫌わねばとて、法にまかせてふるまうべきにはあらず。
【浄土宗略抄（鎌倉二位の禅尼に進ぜられし書）・昭法全五九五】

86-2 結局、深く信ずる心というのは、「南無阿弥陀仏」と称《とな》えれば、阿弥陀さまのお誓い通りに「私たちにいかなる過ちがあろうともお嫌いになることなく、臨終には必ずお迎えくださるのだ」と、深くおすがりして少しも疑わないことをいうのです。

詮《せん》じては、深く信ずる心と申し候は、南無阿弥陀仏と申せば、その仏のちかいにて、いかなるとがをも嫌わず、一定《いちじょう》迎え給《たも》うぞと、深くたのみて疑《うたご》う心のすこしもなきを申し候《そうら》いけるに候。

【御消息・昭法全五八二】

87

煩悩《ぼんのう》が薄いか濃いかなど省みず、罪の障《さわ》りが軽いとか重いとかを問題にせず、ただ口に「南無阿弥陀仏」と称《とな》えて、そのひと声、ひと声について必ず往生が叶うという思いを発《おこ》しなさい。このように、お念仏によって必ず往生するのだと思い定める心を深心《じんしん》というのです。その信心を得れば、必ず往生が叶います。

要は、ただお念仏を称えれば往生するのだ、と疑わない心を深心と名付けているのです。


煩悩のうすくこきをもかえりみず、罪障《ざいしょう》のかろきおもきをもさたせず、ただ口にて南無阿弥陀仏ととなえば、声につきて決定往生《けつじょうおうじょう》のおもいをなすべし。決定心をすなわち深心となづく。その信心を具《ぐ》しぬれば、決定して往生するなり。詮《せん》ずるところは、ただとにもかくにも、念仏して往生すという事をうたがわぬを、深心とはなづけて候なり。
【大胡の太郎実秀へつかはす御返事・昭法全五一八】

88
ひとたびこの念仏往生という み教えを聞いて、信を発《おこ》した以上は、たとえ誰がどんなことを言ったとしても、この先、決して疑いの心をいだくようなことがあってはならないとお心得ください。このような心を深心《じんしん》というのです。
ひとたび、この念仏往生の法門を聞きひらきて、信を発してのちは、いかなる人、とかく申すとも、ながく疑《うたご》う心あるべからずとこそおぼえ候《そうら》え。これを深心と申し候なり。
【御消息・昭法全五八三】

88-2
一度《ひとたび》この念仏往生を信じてんのち、いかなる人、とかくいいさまたぐとも、疑《うたご》う心あるべからずと申す事なり。これを深心《じんしん》とは申すなり。
【浄土宗略抄（鎌倉二位の禅尼に進ぜられし書）・昭法全五九八】

仮に誰が何を言ったとしても、お念仏の教えに対する信仰は、決してたじろぐことがあってはいけません。たとえ千もの仏さまがこの世に現れて、その信仰を揺るがすようなことをあなたの目の前でおっしゃったとしても、お念仏の教えは、お釈迦さま、阿弥陀さまをはじめ、無数の仏さまがその真実なることを証明された教えであると確信して、志を金剛石《こんごうせき》よりも堅く持たれて、このたびこそは必ず阿弥陀さまの御前に往生するぞとお思いになるべきです。

いかなる人申し候とも、念仏の御《おん》こころなんど、たじろぎおぼしめす事、あるまじく候。たとい千の仏世にいでて、まのあたりおしえさせたもうとも、これは釈迦・弥陀よりはじめて、恒沙《ごうじゃ》の仏の証誠《しょうじょう》せさせたもう事なればと、おぼしめして、こころざしを金剛よりもかたくして、このたびかならず、阿弥陀仏の御《おん》まえにまいりなんと、おぼしめすべく候なり。

【津戸三郎へつかはす御返事（九月十八日付）・昭法全五〇六】
（↓類似法語・35参照）

90
たとえ多くの仏さまが空中に満ちるほどに現れ、光を放ち、長く広い舌をお出しになって「これまで罪を造ってきた*凡夫《ぼんぶ》がお念仏を称《とな》えるだけで極楽往生ができる、などという教えはあり得ない。信じてはいけない」と言われたとしましょう。そうしたことがあったとしても、仮に一瞬たりとも驚きや疑いの心を発《おこ》してはなりません。

たといおおくの仏、そらの中にみちみちて、ひかりをはなち、御*舌《みした》をのべて、つみをつくれる凡夫、念仏して往生すという事はひがごとなり。信ずべからずとのたもうとも、それによりて一念も、おどろきうたごうこころあるべからず。
【大胡の太郎実秀へつかはす御返事・昭法全五一七】

91
おしなべて、同じようにお念仏を称《とな》える人であっても、阿弥陀さまの本願*にすがりもせず、自分の力だけを頼りにお念仏を称える人が、どうして往生できましょうか。「お念仏以外の功徳《くどく》をも積み、阿弥陀さま以外の仏さまにもお仕えし、それらの力をあわせてこそ往生浄土という一大事を成就できるのだ。ただ阿弥陀さまにおすがりするだけでは往生は叶わない」などと疑い、あれこれ言い惑わす人があったとしても、それを聞き入れてはなりません。一瞬たりともお念仏の教えを疑う心を発《おこ》さず、どのような理屈を聞かされても、必ず往生するのだという心を失ってはいけませんと申し上げているのです。

惣じておなじく念仏を申す人なれども、弥陀の本願をばたのまずして、自力をはげみて念仏ばかりにてはいかが往生すべき。異《こと》功徳《くどく》をつくり、異《こと》仏《ほとけ》にもつかえて、力を合わせてこそ往生程の大事をばとぐべけれ。ただ阿弥陀仏ばかりにては、叶《かな》わじものをなんと疑いをなし、いいさまたげん人のあらんにも、げにもと思いて、一念も疑《うたご》う心なくて、いかなる理《ことわり》を聞くとも、往生決定《おうじょうけつじょう》の心を失《うしの》う事なかれと申すなり。

【浄土宗略抄（鎌倉二位の禅尼に進ぜられし書）・昭法全五九七】

92

深く信じて、怠ることなくお念仏を称《とな》え、往生を疑わない人を、他力を信じる人というのです。

ふかく信じて、念仏おこたらず申して、往生うたがわぬ人を、他力信じたるとは申し候なり。【往生浄土用心・昭法全五五八】

93

（極楽浄土への往生を目指すにあたっては）心の善い・悪いなどということもありません。罪が重いとか軽いとかを問題にする必要もありません。浄土に往生したいと願い、ただ「南無阿弥陀仏」と称《とな》えればひと声ひと声ごとに必ず往生が叶う、という思いを発《おこ》しなさい。その心に揺るぎがないならば、往生への道も確かなものとなっていきますし、このように確信すれば、疑いも出てこないのです。逆に、往生など定まるはずもないと決めつけては、そのまま本当に定まらなくなってしまいます。定まると思えば定まるのです。

ただ心の善《よ》き悪《わろ》きをも返り見ず、罪の軽《かろ》き重《おも》きをも沙汰《さた》せず、心に往生せ

93-2
んとおもいて、口に南無阿弥陀仏ととなえば、声につきて決定往生《けつじょうおうじょう》の思いをなすべし。その決定の心によりて、すなわち往生の業はさだまるなり。かく心得《う》ればうたがいもなし。不定《ふじょう》と思えばやがて不定なり、一定《いちじょう》と思えば一定する事にて候なり。【御消息・昭法全五八二】

心の善悪をも顧《かえりみ》ず、罪の軽重《きょうじゅう》をも沙汰《さた》せず、ただ口に南無阿弥陀仏と申せば、仏《ほとけ》のちかいによりて、かならず往生するぞと決定《けつじょう》の心をおこすべきなり。その決定の心によりて、往生の業はさだまるなり。往生は不定《ふじょう》に思えば不定なり。一定《いちじょう》と思えば一定する事なり。【浄土宗略抄（鎌倉二位の禅尼に進ぜられし書）・昭法全五九五】

四、振り向ける心――廻向発願心

94
*廻向発願心《えこうほつがんしん》とは、これといって特別な心をいうのではありません。私たちがこれまで修してきた、あるいは今修めている、またはこれから修めるあらゆる善《ぜん》

行《ぎょう》の*功徳《くどく》をただひたすら振り向けて極楽往生を願う心のことです。

廻向発願心と申すは、これ別のこころにては候《そうら》わず、わが所修《しょしゅ》の行を一向《いっこう》に*廻向して、往生をねがうこころなり。
【大胡の太郎実秀へつかはす御返事・昭法全五一九】

*廻向発願心《えこうほつがんしん》について*善導大師《ぜんどうだいし》は「自分が過去において、そして今生《こんじょう》も、身や言葉や心によって重ねてきた世俗的な善行や仏道修行の*功徳《くどく》に思いを至し、さらに、*凡夫《ぼんぶ》にしろ聖者にしろ、身や言葉や心によって重ねてきた善行や仏道修行の功徳を仰ぎ喜び、これら、自分が行うにしろ他の人が行うにしろ、さまざまな善行のはたらきすべてを、嘘偽りなく阿弥陀さまの*本願を深く信ずる心のうちに運び入れて、極楽浄土に生まれるのだと願う心である」とおっしゃっています。

廻向発願心というは、善導釈していわく、❶過去および今生の身口意業《しんくいごう》に修するところの世出世《せしゅっせ》の善根《ぜんごん》、および他の一切の*凡聖《ぼんしょう》の身口意業に修せんところの世出世の善根を随喜《ずいき》して、この自他所修《じたしょしゅ》の善根をもて、ことごとくみな真実深信《しんじつじんしん》の心の中に廻向してかの国に生まれんと願《ねご》うなり。

【御消息・昭法全五八三】

❶『観経疏』散善義巻第四　浄全二・五八下／聖典二・一二六

*廻向発願心《えこうほつがんしん》というは、*善導《ぜんどう》これを釈しての給わく、❶過去および今生《こんじょう》の身口《しんく》意業《いごう》に修するところの世出世《せしゅっせ》の善根《ぜんごん》、および他の身口意業に修するところの世出世の善根を随喜《ずいき》して、この自他所修《じたしょしゅ》の善根をもて、ことごとく真《しん》実深心《じつじんしん》の中に廻向してかの国に生まれんと欣《ねご》うなり。かるがゆえに廻向発願心となづくるなり。

【浄土宗略抄（鎌倉二位の禅尼に進ぜられし書）・昭法全五九八】

❶前出に同じ

96
まず、自分自身については、自分が過去にも、そして今生《こんじょう》においても、身や言葉や心で積んできたすべての*功徳《くどく》を振り向けて極楽往生を願うべきです。次に、自分自身の功徳のみならず、他の人が積んできた功徳や、仏さまや菩薩さまが具《そな》えてこられた功徳を仰ぎ喜びますと、それらすべての功徳がこの自分にも及ぶわけですから、そのことごとくをも振り向けて極楽往生を願うのです。

まずわが身につきて、さきの世およびこの世に、身にも口にも心にもつくりたらん功徳、みなことごとく極楽に*廻向《えこう》して往生を願《ねご》うなり。つぎにはわが身の功徳のみならず、異人《ことひと》のなしたらん功徳をも、仏菩薩《ぶつぼさつ》のつくらせ給いたらん功徳をも随喜《ずいき》すれば、みなわが功徳となるをもて、ことごとく極楽に廻向して往生を願《ねご》うなり。【御消息・昭法全五八二】

96-2
まず自分自身については、自分が今生《こんじょう》ではもちろん、過去にも作り、あるいは作ってきたであろう*功徳《くどく》を、余すことなくすべて振り向けて極楽往生を願うべきです。自分自身の功徳のみならず、*凡聖《ぼんしょう》すべての功徳をも振り向けるのです。

凡とは凡夫《ぼんぶ》のこと、聖とは仏さま菩薩さまのことです。凡夫が積み、仏さまや菩薩さまが修してこられた功徳をも仰ぎ喜べば、自分自身の功徳ともなりますから、そうした功徳のすべてを振り向けて極楽往生を願うのです。

まずわが身につきて前世にもつくりとつくりたらん功徳を、みなことごとく極楽に廻向《えこう》して往生を願《ねご》うなり。わが身の功徳のみならず、一切《いっさい》凡聖の功徳をも廻向するなり。凡というは、凡夫のつくりたらん功徳をも、聖というは、仏菩薩《ぶつぼさつ》のつくり給わん功徳をも、随喜《ずいき》すればわが功徳となるをも、みな極楽に廻向して往生を願《ねご》うなり。

【浄土宗略抄（鎌倉二位の禅尼に進ぜられし書）・昭法全五九九】

97

善行《ぜんぎょう》の功徳《くどく》はすべて極楽往生のために振り向けなさい、とは言いましても、わざわざお念仏のほかの功徳を積み集めて振り向けなさい、という意味ではありません。これまで積んできたお念仏以外の善行の功徳であっても、今はただひたすら極楽往生に振り向ける、ということです。またこの後、日々を暮らしていくうちには、僧侶に供養したり、人に物を施し与えることもありましょう。そういった功徳を積むにつけ、みな往生のために振り向けるべきだ、ということなのです。

一切の功徳をみな極楽に*廻向《えこう》せよといえばとて、又念仏の外《ほか》にわざと功徳をつくり集めて廻向せよというにはあらず。ただ過ぎぬるかたの功徳をも今は一向に極楽に廻向し、こののちなりとも、おのずから便《たよ》りにしたがいて僧をも供養し、人に物をもほどこし与えたらんをも、つくらんにしたがいて、みな往生のために廻向すべし。

【浄土宗略抄（鎌倉二位の禅尼に進ぜられし書）・昭法全五九九】

97-2

一切の善根《ぜんごん》をみな極楽に*廻向《えこう》すべしと申せばとて、念仏に帰して一向に念仏申さん人の、ことさらに余の*功徳《くどく》をつくり集めて廻向せよとには候《そうら》わず。ただ過ぎぬるかたにつくりおきたらん功徳をも、もし又こののちなりとも、おのずから便宜《びんぎ》にしたがいて、念仏のほかの善を修する事のあらんをも、しかしながら往生の業に廻向すべしと申す事にて候なり。

98
【御消息・昭法全五八四】

草庵に閉じ籠《こも》って*別時《べつじ》のお念仏を勤めようと思ってはおりますが、もちろん、ただこの私（法然）ひとりのためにという気持ちではありません。（中略）私の称《とな》えるお念仏は一念も残らず、すべてあなたさま（*正如房《しょうにょぼう》）の往生のために振り向けようと思っておりますので、必ずあなたの願い通りに往生をお遂げになるよう、深く念じ申し上げております。この私の思いがまことであれば、どうしてあなたの往生の手助けとならないことなどありましょうか。

念仏をかきこもりて申し候《そうら》わんなどおもい候も、ひとえにわが身一つのためとのみは、もとより思い候《そうら》わず。（中略）一念も残さず、ことごとくその往生の御《おん》たすけになさんと*廻向《えこう》しまいらせ候《そうら》わんずれば、かまえてかまえておぼしめすさまにとげさせまいらせ候《そうら》わばやとこそは、ふかく念じまいらせ候《そうら》え。もしこのこころざしまことならば、いかでか御たすけにもならで候べき。
【正如房へつかはす御文・昭法全五四六】

五、異解《いげ》の人には

99 お念仏の行をまったく信じようとしない人と議論すること、また、お念仏以外の行を修したり、私たちとは異なる理解をしている人に対してお念仏の教えを強制することなど、してはなりません。異なる教えを学び、異なる理解をしている人には、彼らを敬いこそすれ、軽《かろ》んじたり侮《あなど》ったりしてはいけません。

念仏の行あながちに信ぜざる人に、論じあい、またあらぬ行、ことさとりの人にむかいて、いたくしいておおせらるる事候まじ、異学異解《いがくいげ》の人をえては、これを恭敬《くぎょう》して、かろしめあなどる事なかれ。

【津戸の三郎へつかはす御返事（九月十八日付）・昭法全五〇五】

100 お念仏を信じない人たちに出会っては論争したり、お念仏以外の行を修している、私たちと異なる理解の人たちに対し議論を仕掛けたりしてはいけません。

私たちと異なる理解や修行をしている人たちに出会った際に、むやみに侮《あなど》ったり謗《そし》ったりしてもいけません。そんなことをすれば、かえって彼らは浄土の教えを非難し、それによって、ますます重罪《じゅうざい》の人にさせてしまうのは気の毒なことです。

101

念仏の行を信ぜぬ人にあいて論じ、あらぬ行の異計《いけ》の人々にむかいて執論《しゅうろん》候べからず。あながちに異解異学《いげいがく》の人をみては、あなずりそしること候まじ。いよいよ重罪の人になし候わんこと、不便《ふびん》に候。【鎌倉の二位の禅尼へ進ずる御返事・昭法全五三二】

お念仏以外の様々な行を修めている人だからといって、彼らを見下したり、非難したりするなどのことは、たいへん重い罪であります。そうしたことは充分に慎《つつし》んで、他の様々な行を修めている人であっても侮《あなど》る心を抱いてはいけません。いずれにしても、他人の行いに対して安易に善し悪しの判断をくださないのがよいのです。

余の行人なりとも、すべて人をくだし、人をそしる事は、ゆゆしき過《とが》おもきことにて候なり。よくよく御《おん》つつしみ候《そうらい》て、*雑行《ぞうぎょう》の人なればとて、あなずる御《おん》こころ候まじ。よかれあしかれ、人のうえの善悪をおもいいれぬが、よきことにて候なり。【大胡の太郎実秀へつかはす御返事・昭法全五二六】

六、よこしまな心

(阿弥陀さまは*智恵《ちえ》のない人にはお念仏を*本願の行とされ、智恵のある人には必ずしもお念仏に限っているわけではない、などと)嘘《うそ》、偽《いつわ》りを言いふらしてお念仏の邪魔をしようとする者は、過去の世においてお念仏や浄土の教えに巡り合わなかった人であり、後の世にはふたたび*三悪道《さんあくどう》に堕《お》ちていくべき人なのですから、そうしたことをまことしやかに言いふらしているのです。

そらごとをかまえて、さように念仏を申しとどめんとするものは、このさ

102-2
きの世に*念仏三昧《ねんぶつざんまい》、浄土の法門をきかず、後世《ごせ》にまた三悪道にかえるべきもの、しかるべくして、さようの事をば、たくみ申し候事にて候なり。

【津戸の三郎へつかはす御返事（九月十八日付）・昭法全五〇二】

かまえてさように*専修《せんじゅ》の念仏を、申しとどめんとつかまつる人は、先の世に*念仏三昧《ねんぶつざんまい》の得道《とくどう》の法門《ほうもん》をきかずして、後世《ごせ》にまたさだめて*三悪《さんあく》におつべきものの、しかるべくしてさように申し候なり。

【鎌倉の二位の禅尼へ進ずる御返事・昭法全五二八】

103
阿弥陀さまのお名号《みょうごう》を称《とな》えて、際限なく生まれ変わり死に変わりを繰り返す*輪《りん》廻《ね》をまたたく間に断ち切って、永久《とわ》の極楽浄土に往生し、そこでただちにさとりをひらくという教えを誹《そし》り滅ぼそうとすれば、その罪によって永く*三悪道《さんあくどう》に堕《お》ちてしまうと言われています。こうした人は、どんなに永い歳月が過ぎようとも、いたずらに三悪道に身《み》を沈め、そこから逃れることはできないでしょう。

弥陀の名号をとなえて、ながき*生死《しょうじ》をたちまちに切りて、常住《じょうじゅう》の極楽に往生すという、*頓教《とんぎょう》の法をそしりほろぼして、この罪によりて、ながく三《さん》悪《あく》にしずむといえるなり。かくのごときの人は、大地微塵《だいちみじん》*劫《こう》をすぐとも、むなしく三悪道の身を、はなるる事をうべからずといえるなり。

【津戸の三郎へつかはす御返事（九月十八日付）・昭法全五〇二】

103-2

弥陀の名号《みょうごう》をとなえて、ながき*生死《しょうじ》をはなれて、常住《じょうじゅう》の極楽に往生すべけれども、この教法《きょうほう》をそしりほろぼして、この罪によりて、ながく*三悪道《さんあくどう》にしずむとき、かくのごときの人は、大地微塵《だいちみじん》*劫《こう》をすぐれども、ながく三《さん》途《ず》の身をはなれんこと、あるべからずというなり。

【鎌倉の二位の禅尼へ進ずる御返事・昭法全五二九】

104

「罪を犯すことを恐れるのは、阿弥陀さまの本願*を信じ切っていないのだ」とか、「身を慎んで正しい生活を送るのは、自力を頼りに往生しようと努力しているのだ」などと言っているのは、わけもわからぬ、まったく嘆かわしいばかりの誤りです。決して聞き入れることがあってはいけません。微塵《みじん》も信用してはいけないことです。

罪をおそるるは本願をかろしむるなり、身をつつしみてよからんとするは、自力をはげむなりという事は、ものもおぼえぬ、あさましきひが事なり、ゆめゆめ耳にも聞きいるべからず、露塵《つゆちり》ばかりも用《もち》いまじき事なり。

【示或人詞・昭法全五八八】


往生を願う心のない人には、たとえどれほど手を尽くして説明しても、念仏往生の道理は、決して納得してもらえるものではありません。

*道心《どうしん》なからん人は、いかに道理百千万あかすとも、よも心得候《そうら》わじ。

【津戸三郎へつかわす御返事（十月十八日付）・昭法全五七〇】

106
「*一念往生の義」が、この京の都にもだいぶ広まっております。全く言語道断《ごんごどうだん》のことです。（中略）そんなでたらめを広める人は、仏法に従っているふりをして正しい教えを妨げる外道《げどう》であり、「獅子身中《しししんちゅう》の虫」です。また、そうした人々は天界の悪魔といわれる*天魔波旬《てんまはじゅん》の仕わざによって、教えを正しく理解することを妨げられたのであり、他の多くのお念仏の行者の邪魔をするものです。本当にとんでもないことであり、実に恐ろしいことです。

一念往生の義、京中にも粗流布《ほぼるふ》するところなり。（中略）かくのごときの人は、附仏法《ふぶっぽう》の外道なり、師子《しし》の身の中の虫なり。またうたごうらくは、天魔波旬のために、その正解《しょうげ》をうばわるるともがらの、もろもろの往生の人をさまたげんとするなり。あやしむべし。ふかくおそるべきものなり。
【越中国光明房へつかはす御返事・昭法全五三七・五三九】

107
近頃、往生のためには一遍のお念仏で十分なのだから、その後のお念仏は意味がない、といった説が出てきていることは、おおむね伝え聞いております。もちろん、言うに及ばぬとんでもないことではありませんか。彼らは経文やその注釈の書から離れて勝手なことを言っている人であって、そう言える典拠でも手にしたのでしょうか。いや、そんなはずはありません。まことに不審に思います。また、深く阿弥陀さまの本願*を信じる人は戒律を破っても気にすることはない、などという説については私にお尋ねになるまでもありません。そんなことを言う人は仏法に従っているふりをして正しい教えを妨げる外道《げどう》であり、ほかに例を見ることもできません。

近来《きんらい》、一念のほかの数返《すへん》無益《むやく》なりと申す義、いできたり候よし、ほぼつたえうけたまわり候。勿論《もちろん》言うに足らざるの事に候か。文義《もんぎ》をはなれて申す人、すでに証を得候か、いかん。もっとも不審に候。またふかく本願を信ずるもの、破戒もかえりみるべからざるよしの事、これまた問わせたもうにも、およぶべからざる事か。附仏法《ふぶっぽう》の外道、ほかにもとむべからず候。
【基親の書信並びに法然上人の返信・昭法全五四九】

107-2

近来《きんらい》一念の外《ほか》数遍《すへん》無益《むやく》なりと申す義出《い》で来たり候。勿論《もちろん》言うに足らざるの事に候歟《か》。文釈《もんしゃく》を離れて義を申す人、若《も》し既に証を得候か、尤《もと》も不審に候。附仏法《ふぶっぽう》の外道《げどう》ほかに求むべからず。
【基親卿に遣はす御返事・昭法全六〇八】

108

たった一遍のお念仏でも往生が叶うからといって、それ以後お念仏もせず、それればかりか、いたずらに罪を重ね、それでも必ず往生が叶うなどと言っていることを信じてはいけません。このように信じることは、阿弥陀さまの*本願をいっそう深く信じているかのようにみえますが、実際は邪《よこしま》な考えとなるのではないでしょうか。

一念の後又称念せず。ならびに犯罪《ぼんざい》せば、なお決定往生《けつじょうおうじょう》と信ずべきにあらず。此《か》くの如《ごと》く信じ候は、一重《ひとえ》、深心《じんしん》に似たるといえども、還《かえ》りて邪見《じゃけん》と成り候歟《か》。
【九條兼実の問に答ふる書（其二）・昭法全六一〇】

109

第三節　心からの懺悔《さんげ》

「必ず往生するのだという固い信心をもって一遍のお念仏を称《とな》えた後は、それ以上称えなくとも*十悪五逆《じゅうあくごぎゃく》の大罪すら往生の妨げとはならない。まして他の軽い罪ならばなおさらである」と信じるように*一念義の人々が言い広めているようです。そういった考えにとらわれている人は、たとえ多くのお念仏を称えたとしても、はたして阿弥陀さまの御心にかなうのでありましょうか。そんなことがどんな経典やその注釈書に載《の》っているというのでしょうか。どこのどなたが説かれたというのでしょうか。そのような説は怠け心や仏道に背いた心を持ち、また道理に外れた不善の人々がしたい放題に悪いことをしようと考えて言っていることなのです。そしてその偽りの教えのままに、はじめの一念以後、お念仏を称えなければ、犯した悪業《あくごう》がお念仏の勝れた*功徳《くどく》をさえぎって、むしろ*三悪道《さんあくどう》に堕《お》ちることにもなりましょう。けれども、（経典やその注釈書に登場するような）一生涯悪事を重ねた人でも臨終に十遍のお念仏を称えて往生できるというのは、懺悔《さんげ》の念《おもい》の上に称えたお念仏の力によるのです。この悪《あ》しき一念義と混同してはいけません。一方は懺悔の人であり、他方は邪見の人なのです。

決定《けつじょう》の信心をもて一念してのちは、また念ぜずというとも、十悪五逆なおさわりをなさず、いわんや余の少罪をやと信ずべきなりという。このおもいに住せんものは、たといおおく念ずというとも阿弥陀仏の御こころにかなわんや。いずれの経論人師《にんじ》の説ぞや。これひとえに懈怠無道心《けだいむどうしん》、不当不善のたぐいの、ほしいままに悪をつくらんとおもいて、また念ぜずば、その悪かの勝因おさえて、むしろ三途《さんず》におちざらんや。かの一生造悪のものの、臨終に十念して往生するは、これ懺悔念仏《さんげねんぶつ》のちからなり。この悪の義には混ずべからず。かれは懺悔の人なり。これは邪見の人なり。
【越中国光明房へつかはす御返事・昭法全五三八】

お念仏を称《とな》えれば必ず往生ができる、との信心がおきても、それ以後お念仏を称えることなく、また、罪を犯したところでたいしたことではないと、これを懺悔《さんげ》しなければ、自ら往生を遂《と》げがたくしていることになるのです。

たとい決定《けつじょう》往生《おうじょう》の信心を起こすとも、其《そ》の後《のち》、又称念する事なく、ならびに小罪なりとも、これを犯《ぼん》じて後懺悔《さんげ》せずば、敢えて往生を遂《と》げがたく候歟《か》。【九條兼実の問に答ふる書（其二）・昭法全六〇九】

（*九条兼実公《くじょうかねざねこう》の）お尋ねは「生涯怠ることなくお念仏を勤めたとしても、思いがけずに重い罪を犯し、その後、懺悔《さんげ》の念仏を称《とな》えないまま命尽きたならば、それ以前に称えていたお念仏の*功徳《くどく》によって往生は叶うのでしょうか、それとも犯した罪の咎《とが》によって往生は叶わないのでしょうか」ということであった。
これに対する上人のお答えは「思わぬ過ちを犯してしまった場合、その罪がいかに軽いものだとしても、そのままにしておいては往生は定まりません。なぜなら、懺悔しないままでは、犯してしまった罪が善業《ぜんごう》をすっかりさえぎってしまうからです」とのことであった。

御《おん》疑いに云《い》わく、一生不退の念仏は、不慮に重罪を犯《ぼん》じて後、いまだ懺悔《さんげ》念仏せずして、命終《みょうじゅう》せんものは、前《さき》の念仏の功によりて往生すべきか。将《はた》又犯罪《またぼんざい》の咎によりて往生すべからざる歟《か》と。上人の請文《うけぶみ》に云《い》わく、不慮の犯罪。その過頗《とがすこぶ》る軽《かろ》しといえども、往生においては猶不定《なおふじょう》に候。其《そ》の故は已作《いさ》の罪、懺悔を用いずして善業を障《さえ》ずという事なく候故なりと。

【九條兼実の問に答ふる書（其二）・昭法全六一〇】

第六章　日々の暮らし――念仏の中に

112

第一節　日々の念仏

お念仏を称《とな》えることにはさまざまな意義がありますが、南無阿弥陀仏《なむあみだぶつ》の六字の名号《みょうごう》を称えるというたったそれだけの中に、ありとあらゆる意義が込められているのです。心には*本願を頼み、口には名号を称え、手では念珠を繰《く》るというだけのことですが、常に心がけてお念仏を称えることが、必ず往生の定まる最上の行いなのです。

念仏申す事、ようようの義は候《そうら》えども、六字《ろくじ》をとなうるに、一切をおさめて候なり。心には願をたのみ、口には名号をとなえて、手にはかずをとるばかりなり。常に心にかくるが、きわめたる決定《けつじょう》の業《ごう》にて候なり。
【鎌倉の二位の禅尼へ進ずる御返事・昭法全五三〇】

113

*善導大師《ぜんどうだいし》を信じて浄土宗の教えに帰依《きえ》した人は、ただひたすらに称名《しょうみょう》*正行《しょうぎょう》を修めて、日々のお念仏が一万遍でも二万遍でも、あるいは五万、六万、十万遍でも、その人のお称《とな》えでき得る限り、何遍であっても心を励まして称えることが大切であるとお心得ください。

善導を信じて浄土宗に入らん人は、一向《いっこう》に正行を修して、日々の所作《しょさ》に一万二万乃至五万六万十万をも、器量の堪《た》えんにしたがいて、いくらなりともはげみて申すべきなりとこそ心得られたれ。
【浄土宗略抄（鎌倉二位の禅尼に進ぜられし書）・昭法全六〇二】
（↓類似法語・55参照）

114

お念仏を百万遍称《とな》えない人は往生しない、などということはありません。たとえ一遍、十遍のお念仏でも往生は叶うのです。わずか一遍、十遍でも往生することができる、そんなありがたい、貴《とうと》いお念仏であることを実感したうれしさのあまり、ついには百万遍をも称えて大きな*功徳《くどく》を重ねるのです。

百万遍申さざらん人の生まるまじきにては候《そうら》わず、一念十念にても生まれ候なり。一念十念にても生まれ候ほどの念仏と思い候うれしさに、百万遍の功徳を重ぬるにて候なり。【往生浄土用心・昭法全五六〇】

毎日のおつとめとして六万遍ものお念仏をお称《とな》えになるのはすばらしいことです。疑う心さえなければたとえ十遍、一遍のお念仏でさえも往生するとはいえ、数多く称えれば高いくらいに往生することができるのです。＊法照禅師《ほっしょうぜんじ》の『五《ご》会法事讃《えほうじさん》』にも、「上品《じょうぼん》の位に往生した人は、極楽の蓮台《れんだい》の上で慈悲深き阿弥陀さまを見たてまつる。なぜなら、そこに生まれる人は皆、お念仏を多く称えた人だからである」と説かれている通りです。

毎日の御所作《おんしょさ》六万遍めでたく候。うたがいの心だにも候《そうら》わねば、十念一念も往生はし候《そうら》えども、おおく申し候《そうら》えば、上品に生まれ候。釈にも、❶上品の花台《けだい》は慈主《じしゅ》に見《まみ》え、到る者は皆念仏の多きに因《よ》る、と候《そうら》えば。

116

【往生浄土用心・昭法全五五六】

❶法照『五会法事讃』本　浄全六・六八三上

お念仏を称《とな》えている最中には他の言葉は口にしないのがよろしいでしょう。しかし、途中で言葉を発《はっ》してしまっては功徳《くどく》が少ない、とお思いになるのはよくありません。お念仏は金にたとえることができます。金は火で焼いてもその色は（損われるどころか）いよいよ優れ、水に入れてもその輝きが損なわれることはありません。そのように、お念仏は妄念《もうねん》が起こるときに称えても穢《けが》れることはなく、また言葉を交じえたからといって紛《まぎ》れてしまうなどということもないのです。このことを心得《こころえ》た上で、お念仏をしている間は他のことをしないようにし、より多く称えようと思うのはよいことです。けれども、もしそのように心得ることを忘れてしまい、ふと何かを言葉に出してしまった時に「ああ、嘆かわしい。今称えたお念仏は空しいものとなってしまった」などとは、決して考えてはなりません。どのように称えようとも、お念仏が往生のための行いであることに変わりはないのです。

御無言《ごむごん》めでたく候。ただし無言ならで申す念仏は、功徳すくなしとおぼしめされんはあしく候。念仏をば金《こがね》にたとえたる事にて候。金は火に焼くにも色まさり、水に入るるにも損せず候。かように念仏は妄念のおこる時申し候《そうら》えどもけがれず、物を申しまずるにもまぎれ候《そうら》わず、そのよしを御《おん》心得候ながら、御念仏の程は異事《ことごと》をまぜずして、いますこし念仏の数をそえんとおぼしめさんは、さにて候。もしおぼしめしわすれて、ふと物なんどおおせ候て、あなあさまし、いまはこの念仏むなしくなりぬと、おぼしめす御事《おんこと》は、ゆめゆめ候まじく候。いかようにて申し候とも、往生の業《ごう》にて候べく候。【往生浄土用心・昭法全五五九】

117

たとえば簡単な食事をとるほどの短い時間に、三度《みたび》ほど思い出して称《とな》えるならば、それはもう立派にお念仏を繰り返し続けていることになるのです。

一食《いちじき》のあいだに、三度ばかりおもいいでんはよき相続にて候。

【往生浄土用心・昭法全五六五】

118
人の心というものは、何かを見たり聞いたりするその度《たび》に移り散ってしまうものです。ですから、思わず他のことに心が奪われてしまい、お念仏のことを思い続けるのは難しいものです。毎日称《とな》えるお念仏の数を多く定めて、いつもお数珠をお持ちになれば、それでもうお念仏しようと心がけていることになると思われます。

人の心は当時見る事、聞く事にうつる物にて候《そうら》えば、なにとなく御まぎれの中にはおぼしめしいでん事かたく候《そうらい》ぬべく候。御所作《おんしょさ》おおくあてて、つねにずずをもたせ給い候《そうら》わば、おぼしめしいで候《そうらい》ぬとおぼえ候。
【往生浄土用心・昭法全五六五】

119
たとえば何か支障があって日々のつとめとしているお念仏ができない場合、

「あさましいことだ。お念仏を称《とな》えられなかった」などと思うようであれば、それはすでにお念仏を心掛けていらっしゃることになります。とにかく、お念仏をお忘れになることがなければ、それは繰り返し続けていることになるのです。

たとい事の障《さわ》りありて、闕《か》かせおわしまして候とも、あさましや闕きつる事よとおぼしめし候《そうら》わば、御心《おんこころ》にかけられ候《そうら》わんずるぞかし。とてもかくても御わすれ候《そうら》わずは、相続にて候べし。
【往生浄土用心・昭法全五六五】

普段からお念仏を称《とな》えて*功徳《くどく》を積んでいれば、たとえ臨終に際して称えなくても往生は叶うということが、*懐感禅師《えかんぜんじ》の『群疑論《ぐんぎろん》』にも説かれております。

正念《しょうねん》のとき称名の功を積み候《そうら》いぬれば、たとい臨終に称名念仏せずというとも、往生つかまつるよし、❶群疑論に見えて候なり。
【遣空阿弥陀仏書（其二）・昭法全五七四】

*善知識《ぜんちしき》の力添えを受けて往生するというのは、『観無量寿経《かんむりょうじゅきょう》』に説かれている下品《げぼん》の人たちのことです。わけても、日ごろお念仏を称《とな》えもせず、極楽に往生したいという気持ちもなく、*五逆罪《ごぎゃくざい》を犯してしまった下品下生《げぼんげしょう》の人たちでさえ、臨終の時に初めて善知識に遇《あ》ってその勧めを受け、*十遍のお念仏を称《とな》えたならば往生するのです。まして日ごろから本願のお力を頼りに、阿弥陀さまが五《ご》*劫《こう》という途方もなく永い時間をかけて考えられ、選び定められたお名号《みょうごう》を称えて極楽へ往生しようと思っている人には、善知識の力添えがなくても阿弥陀さまがお迎えに来てくださるのです。

❶ 懐感『釈浄土群疑論』巻第七「此ノ人、或ル時命猶ヲ断ゼズシテ、更ニ多日ヲ経テ方ニ始テ寿終センニ、復タ更ニ念仏ヲ須テ方ニ浄土ニ生ズト為ンヤ。念仏スルコトヲ得ザレドモ、亦タ往生スト為ンヤ。釈シテ曰ク、往生ヲ得ンナリ（原漢文）」浄全六・九四上

善知識の力にて往生すと申し候事は、観経の*下三品《げさんぼん》の事にて候。下品下生の人なんどこそ、日ごろ念仏も申し候《そうら》わず、往生の心も候《そうら》わぬ*逆罪《ぎゃくざい》の人の、臨終にはじめて善知識にあいて、十念具足して往生するにてこそ候《そうら》え。日ごろより他力の願力をたのみ、思惟《しゆい》の名号をとなえて、極楽へまいらんとおもい候《そうら》わん人は、善知識の力候《そうら》わずとも、仏は来迎《らいこう》し給《たも》うべきにて候。

【往生浄土用心・昭法全五六二】
▼『観無量寿経』浄全一・四九／聖典一・一八六

（臨終には、まず心を静めて安らかな気持ちでお念仏を称《とな》えていればこそ、阿弥陀さまはお迎えくださるのだ、と言う人もいます。けれども『阿弥陀経』には「阿弥陀仏と多くの菩薩がその人の前に現れて、心うろたえることなく臨終を迎え、そして阿弥陀仏の極楽浄土に往生する」と説かれているように）人の命が尽きようとしている時、阿弥陀さまが諸々の菩薩方《ぼさつがた》とともにその人の目の前にお迎えに来てくださり、そのお姿をまず拝することによって、心うろたえることなく極楽に往生するのだと心得てください。ですから、まだ病気が軽いうちに「どなたか*善知識《ぜんちしき》はおられないだろうか」などと心配するくらいならば、健康なときに一遍でも多くのお念仏を称え、臨終には阿弥陀さまのお迎えを頂戴して*三種の愛心を払い除き、心静かな、安らかな気持ちにしていただいて極楽に往生しようと思い定めてください。

人のいのち終らんとする時、❶阿弥陀ほとけ聖衆《しょうじゅ》とともに、目のまえに来たり給いたらんを、まず見《み》まいらせてのちに、心は顚倒《てんどう》せずして、極楽に生まるべしとこそ心得て候《そうら》え。されば軽《かろ》き病《やまい》をせばや、善知識にあわばやと祈らせ給わん暇《いとま》にて、いま一返も、病《やまい》なき時念仏を申して、臨終には阿弥陀ほとけの来迎《らいこう》にあずかりて、三種の愛心を除き、正念《しょうねん》になされまいらせて、極楽に生まれんとおぼしめすべく候。【往生浄土用心・昭法全五六三】

❶『阿弥陀経』浄全一・五四／聖典一・二〇二

123

第二節　念仏の生活

私たちと異なる理解をしている人たちがとやかく言うことに耳を借すことなく、ただひたすら*善導大師《ぜんどうだいし》のお勧めのままに、今より少しでも多く、必ず往生が叶うお念仏を称《とな》えようと思うべきです。お念仏以外の行は、たとえ往生の支障にならないとしても、往生が叶うかどうかは心もとないと言われているのですから、お念仏を称える時間をさいてまで他の行を修するのは、実に損なことではありませんか。十分に心得るべきことです。

あらぬさとりの人々の、ともかくも申し候《そうら》わん事をば、ききいれさせたまわで、ただひとすじに、善導の御《おん》すすめにしたがいて、いますこしも、一《いち》定往生《じょうおうじょう》する念仏の数遍《すへん》を、申しそえんとおぼしめすべく候。たとい往生のさわりとこそならずとも、不《ふ》定往生《じょうおうじょう》とは聞こえて候《そうらい》めれば、一定往生の行を修すべきいとまを入れて、不定往生の業をくわえん事は、損にて候《そうら》わずや。よくよくこころうべき事にて候なり。
【大胡の太郎実秀へつかはす御返事・昭法全五二五】

124

西に向かって用を足してはいけません。またお尻を西に向けてもいけません。北か南に向かってするようにしてください。およそ家の中にいる時も、横になるときも、必ず西に向かうようにしてください。どうしても仕方なく、西に背を向けることがあるならば、心の中で「私の後ろは西である、阿弥陀さまのおられる方角である」と思ってください。その時は西を向かずに不作法だけれども、心だけでも西に向けていれば、ただぼんやりと西を向いているだけで極楽に思いを寄せない人に比べれば、その人にまさるというものです。

❶しとはこの時西に向こうべからず、又西をうしろにすべからず、北、南に向こうべし。おおかたうちうちいたらんにも、うちふさんにも、かならず西に向こうべし。もしゆゆしく便宜《びんぎ》あしき事ありて、西をうしろにする事あらば、心のうちにわがうしろは西なり、阿弥陀ほとけのおわします方《かた》な

り。ただ今あしざまにて向わねども、心をだにも西方《さいほう》へやりつれば、そぞろに西に向かいて、極楽をおもわぬ人にくらぶれは、それにまさるなり。

【示或人詞・昭法全五八七】

❶慈恩『西方要決』「行往坐臥西方ニ背ヲ向ケズ、涕唾便痢西方ニ向ケザル也（原漢文）」浄全六・六〇四下

125

お念仏を称《とな》えられない時こそ、あえて称えたいものだと思うべきなのに、称えようと思いながら、あえてお称えにならないのはいったいどうしたことでしょう。決してそのようなことがあってはなりません。どんなときにも、お念仏を嫌うことなく、お称えになってください。


いかなる時にも申さざらんをこそ、念じて申さばやとおもい候べきに、申されんを念じて申させたまわぬ事は、いかでか候べき。ゆめゆめ候まじ、ただいかなる折もきらわず申させたもうべし。

【津戸の三郎へつかはす御返事（九月十八日付）・昭法全五〇四】

126
そもそもお念仏は、歩いていても止まっていても、座っていても横になっていても、いついかなる時・処《ところ》・状況にあっても、そういったことにはかかわらない行ですから、たとえ身体《からだ》や口が汚れていようとも、心を清らかにし、いつも忘れないでお念仏をお称《とな》えになることが、まったくもって肝要なことなのです。

念仏の行は、もとより行住《ぎょうじゅう》坐《ざ》臥《が》時《じ》処《しょ》諸縁《しょえん》をきらわざる行にて候《そうら》えば、たとい身もきたなく、口もきたなくとも、心をきよくして、わすれず申させたまわん事、返返《かえすがえす》神妙《しんびょう》に候。
【津戸の三郎へつかはす御返事（九月十八日付）・昭法全五〇四】

126-2
そもそもお念仏は、歩いていても止まっていても、座っていても横になっていても、いついかなる時・処《ところ》・状況にあっても、そういったことにはかかわりなく、また身体《からだ》や口が汚れていようともはばかることのない行なので、易行《いぎょう》往生《おうじょう》であると申し伝えられております。ただ、心を清らかにして称《とな》えることがもっとも大切なのです。お浄土のことにいつも心をよせていれば、自ずと心清らかな行となります。他の方々にもどうぞこのようにお勧めになってください。

念仏の行は、もとより行住《ぎょうじゅう》坐臥《ざが》時処《じしょ》諸縁《しょえん》をえらばず、身口《しんく》の不浄《ふじょう》をもきらわぬ行にて候《そうら》えば、易行往生とは申しつたえて候なり。ただしこころをきよくして申すをば、第一の行と申し候なり。浄土をこころにかくれば、心浄《しんじょう》の行法《ぎょうぼう》にて候なり。さように御《おん》すすめ候べし。
【鎌倉の二位の禅尼へ進ずる御返事・昭法全五三二】

127

『無量寿経《むりょうじゅきょう》』の下巻に「(阿弥陀仏の名号《みょうごう》の功徳《＊くどく》を耳にして)心が喜びで満たされ少なくとも一遍称《とな》え」とあり、また善導大師《＊ぜんどうだいし》の『往生礼讃《おうじょうらいさん》』には「長くは一生涯、短くは十遍でも一遍でも念仏を称えれば必ず往生を遂げる。決して微塵《みじん》も疑ってはならない」と説かれていますが、これらのご教示を都合のいいように曲げて解釈している一念義を説く人々が、大きな邪見《じゃけん》に陥って言いふらしているのです。「乃至」というのも「下至《げし》」というのも「上は一形を尽くし」、つまり「一生涯を終えるまで」という意味が含まれているのです。それなのに最近は愚鈍《ぐどん》でものの道理をわきまえない者が多くなり「往生のためには十念でいい」「いや一念でいいんだ」などと、ただそのことばかりにこだわって「上は一形を尽くし」という意味をなおざりにしているのは恥を知らないとんでもないことです。たとえ十遍、あるいは一遍のお念仏でも、阿弥陀さまの大いなる慈悲、*本願のお力によって、必ずお迎えくださり、手を差し伸べていただけるというこの上ない功徳があることを信じて、生涯、投げ出すことなくお念仏をつとめ続けるべきです。

双巻経《そうかんぎょう》の下《げ》に、❶乃至一念信心歓喜といい、また善導和尚《かしょう》は、❷上一形《かみいちぎょう》を尽《つく》し下十声一声《しもじっしょういっしょう》等に至るまで定んで往生を得《う》、乃至一念も疑心有ること無しといえる、これらの文をあしくみたるともがら、大邪見《だいじゃけん》に住して申し候ところなり。乃至といい下至といえる、みな上尽一形《じょうじんいちぎょう》をかねたることばなり。しかるをちかごろ愚癡無智《ぐちむち》のともがらおおく、ひとえに十念一念なりと執して、上尽一形を廃する條、無慚無愧《むざんむき》のことなり。誠に十念一念までも、仏の大悲本願なおかならず引接《いんじょう》したもう無上の功徳なりと信じて、一期《いちご》不退《たい》に行ずべきなり。【越中国光明房へつかはす御返事・昭法全五三八】

❶『無量寿経』巻下　浄全一・一九／聖典一・七〇
（原文には「信心歓喜乃至一念」とある）
❷『往生礼讃』浄全四・三五六下及び三五四下

「阿弥陀さまのお名号《みょうごう》を称《とな》えて、百年、あるいは四、五十年、あるいは十年、二十年、あるいは一、二年、ひとたび阿弥陀さまへの信心を発《おこ》してから、何年であろうと命尽きる時まで投げ出すことなく、そしてまた、七日一日《しちにちいちにち》の間、あるいは十声一声《じっしょういっしょう》、多い少ないに関わりなくお念仏を称える人は必ず往生するのだ」と信じて、一声のお念仏の中にも疑いの心を発さないのを深心《じんしん》というのです。

そのほとけの名号をとなえて、もしは百年にても、もしは四、五十年にても、もしは十、二十年乃至一、二年、すべておもいはじめたらんより、臨終の時にいたるまで退せざらん、もしは七日一日十声一声にても、多くも少なくも、称名念仏の人は決定《けつじょう》して往生すと信じて、乃至一念もうたごう心なきを深心とは申すなり。

【大胡の太郎実秀へつかはす御返事・昭法全五一六】


お念仏は、たとえば、称《とな》えようと思いたったその時から命尽きるまでの続けたとしても、あるいは七日《しちにち》や一日《いちにち》ほど続けたところで命尽きたとしても、あるいはわずか十遍一遍称えたところで命尽きたとしても、阿弥陀さまの本願*のお力が働くのですから、必ず往生できるとお信じなさい。いったいどれ程称えれば本願に適《かな》うのかなどと決めることなく、ただ一遍のお念仏であっても必ず往生すると思い定め、命果てるまで退転することなく続けるべきです。

上《かみ》は念仏申さんと思い始めたらんより、いのち終わるまでも申すなり。中《なか》は七日一日も申し、下《しも》は十声《じっしょう》一声《いっしょう》までも弥陀の願力なれば、かならず往生すべしと信じて、いくら程こそ本願なれと定めず、一念までも定めて往生すと思いて、退転なくいのち終わらんまで申すべきなり。
【浄土宗略抄（鎌倉二位の禅尼に進ぜられし書）・昭法全五九六】

130

その日できなかった分のお念仏を次の日に称《とな》えて補おう、ということもありましょうが、明日称えればいいだろうと、はじめから気をお許しになるのはよくないことです。

闕《か》けて候《そうら》わん御所作《おんしょさ》を、つぎの日申しいれられ候《そうら》わん事、さも候《そうらい》なん。それもあす申しいれ候《そうら》わんずればとて、御《おん》ゆだん候《そうら》わんはあしく候。
【往生浄土用心・昭法全五六五】

第三節　人の子として

131
そもそも生きとし生けるものは、自身の過去世における父や母の生まれ変わりかも知れないのですから、本来は食べるべきではありません。
地体《じたい》は生きとし生けるものは過去の父母《ちちはは》にて候なれば、食うべき事にては候《そうら》わず。【往生浄土用心・昭法全五六五】

132
戒をまもることは、阿弥陀さまの本願*の行ではありませんから、あなたができる範囲でなされればよろしいでしょう。父母への孝養《こうよう》も本願の行ではありませんので、あなたのできる範囲で尽くされればよろしいのです。
持戒《じかい》の行は、仏の本願にあらぬ行なれば、堪《た》えたらんにしたがいて、たもたせたもうべく候。孝養《きょうよう》の行も仏の本願にあらず、堪えんにしたがいて、つとめさせおわしますべく候。

【熊谷の入道へつかはす御返事（五月二日付）・昭法全五三五】

133

親に孝養《こうよう》を尽くすことは、阿弥陀さまの*本願の行ではありません。けれども、お母さまは八十九歳におなりになるのですから、孝養にお心がけください。そして、今年あたりはお浄土からのお迎えが来るかもしれないというお心構えでお待ちになられますようにと存じます。つつしんで申し上げる次第です。他のことはどのようにされても差し支えはありません。お母さまはあなた一人だけを頼りにされているのですから、お母さまが必ずこうしたお心構えでお迎えをお待ちになるようにお勧めください。

孝養《きょうよう》の行は、仏の本願の行にては候《そうらわ》ねども、八十九にておわしまし候なり。あいかまえてことしなんどをば、まちまいらせさせ、おわしませかしとおぼえ候、あなかしこあなかしこ。ことごとはいかでもおわしまし候《そうら》わんに、くるしく候《そうら》わず。ただひとりたのみまいらせて、おわしまし候なるに、かならずかならずまちまいらせさせおわしますべく候。
【熊谷の入道へつかはす御返事（五月二日付）・昭法全五三六】

先立たれた方のためにお念仏を*廻向《えこう》すれば、阿弥陀さまは光を放って、*地獄《じごく》・餓鬼《がき》・畜生《ちくしょう》の*三悪道《さんあくどう》に堕《お》ちて苦しみにさいなまれている人々を照らしてくださります。そして、その苦しみは止み、そこでの命が尽きた後に三悪道から離れて極楽へ往生し、さとりをひらくことができるのです。『無量寿経《むりょうじゅきょう》』に「もし、苦しみ多き三悪道において阿弥陀仏の*光明を見たてまつれば、皆安らぎを得て、再びそうした悩み苦しみを受けることはない。そしてそこでの命を終えた後は皆迷いの世界を離れ往生を遂げることが出来る」と説かれている通りです。

なき人のために念仏を廻向し候《そうら》えば、阿弥陀ほとけひかりをはなちて、地獄餓鬼畜生をてらし給い候《そうら》えば、この三悪道にしずみて苦を受くる者、そのくるしみやすまりて、いのち終りてのち、解脱《げだつ》すべきにて候。大経《だいきょう》にいわく、❶若《も》し三塗勤苦《さんずごんく》の処《ところ》に在りて、此の光明を見たてまつれば、皆休息《くそく》を得て復た苦悩無し、寿終《じゅじゅう》の後皆解脱を蒙《こうむ》る。【往生浄土用心・昭法全五六〇】

❶『無量寿経』巻上（光明歎徳章）浄全一・一三／聖典一・四八

135

父母に孝養《こうよう》を尽くし大切にしようと思う人は、まず父母のことは阿弥陀さまにおまかせして、このように考えてみてはいかがでしょうか。すなわち「私が人として生まれ、往生を願ってお念仏できるのは、ひとえに父母にお育ていただいたお陰なのですから、阿弥陀さま、どうぞ、私がお念仏を称《とな》えた＊功徳《くどく》に慈悲《じひ》を垂《た》れ給い、私の父母を極楽へとお迎えいただき、父母の罪をも滅してください」と願うのです。そうすれば阿弥陀さまは必ず御両親を極楽へ迎え摂《と》ってくださります。

孝養《きょうよう》の心をもて父母《ちちはは》を重くし思わん人は、まず阿弥陀ほとけにあずけまいらすべし、わが身の人となりて往生を願い念仏する事は、ひとえにわが父母の養いたてたればこそあれ、わが念仏し候功《こう》をあわれみて、わが父母を極楽へ迎えさせおわしまして、罪をも滅しましませと思わば、かならずかならず迎えとらせおわしまさんずるなり。

【示或人詞・昭法全五八七】

第四節　ともに歩む

どこにいてもお念仏を称《とな》えて、お互いにお浄土へ往生することこそ喜ばしく、長年の願いではありませんか。

いずくにても念仏して、たがいに往生し候《そうら》いなんこそ、めでたくながき計《はか》り事にては候《そうら》わめ。

【津戸三郎へつかはす御返事（四月二十六日付）・昭法全五五五】

志を同じくし、極楽往生を願ってお念仏を称《とな》えている人には、たとえ自分と異なる境涯の人であっても、同じ道を行く同士であると思って、必ず共に阿弥陀さまの浄土に往生しようと思うべきです。阿弥陀さまにもその浄土にも縁《えん》がなくて、阿弥陀さまへの信心が発《おこ》らず、浄土を願う気持ちも発らないのは、私たちの力の及ぶところではありません。ただその人たちの心にまかせて、どんな行でも結構ですから、それを修して、少なくとも後生《ごしょう》だけは三悪道《さんあくどう》＊に堕ちないように勧めてください。

同心《どうしん》に極楽をねがい、念仏を申さん人に、たとい塵刹《じんせつ》のほかの人なりとも、同行《どうぎょう》のおもいをなして、一仏浄土《いちぶつ》に生まれんとおもうべきにて候なり。阿弥陀仏に縁なくて、浄土にちぎりなく候《そうら》わん人の、信もおこらず、ねがわしくもなく候《そうら》わんには、ちからおよばず、ただこころにまかせて、いかなる行をもして、後生たすかりて、三悪道をはなるる事を、人のこころにしたがいてすすめ候べきなり。

【津戸の三郎へつかはす御返事（九月十八日付）・昭法全五〇五】

ほんの少しでも阿弥陀さまへの信仰を発《おこ》しそうな人には、阿弥陀さまの教えを勧めてください。そういった人には是非とも極楽浄土を願っていただきたいものです。誰がなんと言おうとも、お念仏によってこの世の衆生《しゅじょう》が極楽浄土に往生しないなどということは決してありません。

ちりばかりもかない候《そうらい》ぬべからん人には、弥陀仏をすすめ、極楽をねがうべきにて候ぞ、いかに申し候とも、この世の人の極楽に生まれぬ事は、候まじき事にて候なり。
【津戸の三郎へつかはす御返事（九月十八日付）・昭法全五〇六】

「私は専《もっぱ》らお念仏を修することによって必ず往生を遂げる身なのだ」と思い定め、「他の人がお念仏以外の諸行を修して遠い回り道を歩んでいるのを見たならば、私が歩んでいる近い道、お念仏の道になんとか縁を結ばせよう」とお思いになってください。

我はこの一向専修《いっこうせんじゅ》*にて決定《けつじょう》して往生すべき身なり。他人のとおき道を、わがちかき道に結縁《けちえん》せさせんとおぼしめすべきなり。

【鎌倉の二位の禅尼へ進ずる御返事・昭法全五三〇】

志を同じくし、極楽往生を願ってお念仏を称《とな》えている人であるならば、たとえ身分が低いとされる人たちに対してでも、両親が私たちに与えてくれたあたたかい慈悲《じひ》に劣らない気持ちで接しましょう。この世において経済的に恵まれない人たちにも、助力を惜しまないようにしましょう。それはそうとしても、少しでもお念仏の教えに心を向けそうな人には、お念仏の教えをお勧めになってください。こうしたことはすべて阿弥陀さまへの宮仕《みやづか》えであると思いになるべきでしょう。

同心《どうしん》に極楽をねがい、念仏を申す人をば、卑賤《ひせん》の人なりとも、父母《ちちはは》の慈悲におとらずおぼしめし候べし。今生《こんじょう》の財宝のともしからんにも、力をくわえたもうべし。さりながらも、すこしも念仏にこころをかけ候《そうら》わんをば、すすめたもうべし。これ弥陀如来の御《おん》みやづかえと、おぼしめすべく候なり。

【鎌倉の二位の禅尼へ進ずる御返事・昭法全五三二】

第七章　阿弥陀仏とともに――大いなる功徳

第一節　祈り――よき現世、来世のために

141
あなた様のお申し出に従ってお仏像の開眼《かいげん》をしましたので、ご返送致します。阿弥陀仏・観音菩薩《かんのんぼさつ》・勢至菩薩《せいしぼさつ》の弥陀三尊像をお造りになられましたのは、まったくもって貴いことです。とにかく、お仏像を造られるのは素晴らしい功《*く》徳《どく》なのです。

御仏《おんほとけ》おおせにしたがいて、開眼《かいげん》して下《くだ》しまいらせ候。阿弥陀の三尊つくりまいらせさせたまいて候なるかな、返す返す神妙《しんびょう》に候。いかさまにも、仏像をつくりまいらせたるは、めでたき功徳にて候なり。
【津戸の三郎へつかはす御返事（九月十八日付）・昭法全五〇五】

142
専《もっぱ》らお念仏を称《とな》えることは、必ず今生《こんじょう》にも後生《ごしょう》にも通じる祈りになります。

かならず専修《せんじゅ》の念仏は、現当《げんとう》のいのりとなり候なり。
【鎌倉の二位の禅尼へ進ずる御返事・昭法全五三二】

＊末法《まっぽう》の時代の衆生《しゅじょう》にとって、お念仏を称《とな》えることはこの世を幸せに生きていくための祈りともなり、まして後生《ごしょう》の往生は念仏のほかでは叶うことはないのです。これはわたくし源空《げんくう》が一人で勝手に言っているのではありません。経典のお言葉を鏡に映したようにそのまま申し上げているだけのことですから、よくご覧になってください。

末代の衆生は、今生《こんじょう》の祈りにもなり、まして後生の往生は念仏のほかには叶《かの》うまじく候。源空がわたくしに申す事にてはあらず、聖教《しょうぎょう》のおもてに鏡をかけたる事にて候えば《そうら》、御覧あるべく候なり。

【ある人のもとへつかはす御消息・昭法全五八六】

144
病気を治す草木《くさき》、鉄を引き寄せる磁石、いずれにも不思議な力があります。また麝香《じゃこう》にはかぐわしい香りがあり、サイの角には水をはじく効力があります。これらは、心情など持ち合わせていない植物であり、誓いなどおこさない動物ではありますけれども、不思議な力のはたらきはそのようにもともと具わっているのです。まして仏法に不思議なお力がないことなどありえましょうか。

病《やまい》をいやす草木《そうもく》、鐵《くろがね》をとる磁石、不思議の用力《ゆうりき》なり。又麝香はこうばしき用《ゆう》あり、犀《さい》の角は水をよせぬ力あり。これみな心なき草木、ちかいをおこさぬ獣《けだもの》なれども、もとより不思議の用力はかくのみこそ候《そうら》え。まして仏法不思議の用力ましまさざらんや。【往生浄土用心・昭法全五五八】

145
そもそもお念仏の行は、*智恵《ちえ》のある人、ない人を選ぶものではありません。阿弥陀さまがその昔、*法蔵菩薩《ほうぞうぼさつ》としてご修行されていた時にすべての人々をもれなく救おうとして誓われた*本願の行です。ですから、智恵のない人のためにお念仏を本願の行とされ、智恵のある人のために他の諸行を本願の行とされたわけではありません。すべての人々のためなのです。智恵のある人もない人も、善人も悪人も、戒をまもれる人もまもれない人も、身分の高い人も低い人も、男とか女とか性別にかかわらず、お釈迦さまがいらっしゃった時代の人々も、入滅《にゅうめつ》なされた後の人々も、さらには＊末法《まっぽう》の時代が過ぎて仏法僧《ぶっぽうそう》の＊三宝《さんぼう》がみな滅んでしまうであろう時代の人々までもが含まれ、そうした人々すべてにわたってただお念仏一行のみが、現世を幸せに過ごし、来世にも極楽往生を遂げるための祈りになるのです。

念仏の行はもとより有智無智《うちむち》をえらばず、弥陀のむかしちかいたまいし大願《だいがん》は、あまねく一切衆生《しゅじょう》のためなり。無智のためには念仏を願とし、有智のためには余行を願としたもう事なし。＊十方《じっぽう》世界の衆生のためなり。有智無智・善人悪人・持戒破戒《じかいはかい》・貴賤《きせん》・男女《なんにょ》もへだてず、もしは仏の在世の衆生、もしは仏の滅後の衆生、もしは釈迦末法万年ののちに、三宝みなうせての後《のち》の衆生まで、ただ念仏ばかりこそ、現当《げんとう》の祈禱《きとう》とはなり候《そうら》え。
【鎌倉の二位の禅尼へ進ずる御返事・昭法全五二七】

146

阿弥陀さまの本願*を深く信じ、お念仏して往生を願う人には、阿弥陀さまをはじめあらゆる世界の仏さまや、観音菩薩《かんのんぼさつ》・勢至菩薩《せいしぼさつ》ほか無数の菩薩さまが取り囲んでくださり、その人が歩いていても止まっていても、座っていても横になっていても、四六時中、いついかなる場合も影のように付き添い、さまざまな悩み煩《わずら》いをもたらそうと忍び寄る*悪鬼悪神《あっきあくじん》が近づくのを払いのけてくださいます。そして、命あるうちは理不尽な煩《わずら》いごとなく心穏やかに、命尽きるときには極楽世界へ迎え導いてくださるのです。ですから、お念仏を信じて往生を願う人ならば、ことさらに悪鬼悪神を払いのけるために、阿弥陀さま以外の仏さまや神さまに祈ったり、物忌《ものい》みなどする必要がどうしてありましょうか。

弥陀の本願を深く信じて、念仏して往生を願《ねご》う人をば、弥陀仏よりはじめたてまつりて、*十方《じっぽう》の諸仏菩薩、観音勢至、無数《むしゅ》の菩薩、この人を囲遶《いにょう》して、行住坐臥《ぎょうじゅうざが》、夜昼《よるひる》をも嫌わず、影のごとくにそいて、もろもろの横悩《おうのう》

（↓類似法語・25参照）

をなす悪鬼悪神の便りをはらいのぞき給いて、現世にはよこさまなる煩《わずらい》なく安穏《あんのん》にして、命終の時は極楽世界へ迎え給《たも》うなり。されば念仏を信じて往生を願《ねご》う人、ことさらに悪魔をはらわんために、よろずの仏神《ほとけかみ》にいのりをもし、つつしみをもする事は、なじかはあるべき。
【浄土宗略抄（鎌倉二位の禅尼に進ぜられし書）・昭法全六〇四】

お念仏の功徳《*くどく》は仏さまでさえ説き尽くし難いとおっしゃっています。またお釈迦さまのお弟子のうちでも、もっとも智恵《*ちえ》深いと讃《たた》えられた舎利弗尊者《しゃりほつそんじゃ》や、もっとも博学と讃えられた阿難《あなん》尊者さえも、お念仏の功徳は知り尽くし難いとおっしゃっています。お念仏はそれほど広大な功徳を具《そな》えた尊い行でありますから、ましてやこの源空《げんくう》などにその功徳を申し尽くせるものではありません。

念仏の功徳は、仏も説きつくしがたしとのたまえり。また智慧第一《ちえだいいち》の舎利弗、多聞第一《たもんだいいち》の阿難も、念仏の功徳はしりがたしとのたまいし、広大の善《ぜん》根《こん》にて候《そうら》えば、まして源空などは、申しつくすべくも候《そうら》わず。

【鎌倉の二位の禅尼へ進ずる御返事・昭法全五二七】

148
*伝教大師《でんぎょうだいし》最澄《さいちょう》が著した『七難消滅護国頌《しちなんしょうめつごこくじゅ》』の中にも、お念仏をつとめるように勧められています。お念仏はあらゆる方角にいらっしゃる仏さまをはじめ、この世の天人たちがでたらめを言っているのではないのですから、この世、後の世の安楽を願うつとめとして、お念仏に勝るものが他にありましょうか。
伝教大師の*七難消滅の法にも、念仏をつとむべしとみえて候。おおよそ*十《じっ》方《ぽう》の諸仏、*三界《さんがい》の*天衆《てんしゅ》、妄語《もうご》したまわぬ行にて候《そうら》えば、現世《げんせ》後世《ごせ》の御《おん》つとめ、なに事かこれにすぎ候べきや。
【九條殿下の北政所へ進ずる御返事・昭法全五三四】

第二節　慈悲の光につつまれて

149
お念仏は阿弥陀さまの本願*に誓われた行ですから、仏となられた阿弥陀さまが放たれる救いの光明*は、阿弥陀さまが誓われた本願を信じ、まことの信心をもってお念仏を称《とな》える人を照らしてくださるのです。

念仏はこれ弥陀の本願の行なるがゆえに、成仏の光明かえりて本地《ほんぢ》の誓願を信ずる、真実信心をえたる信者をてらしたもうなり。
【大胡の太郎実秀が妻室のもとへつかはす御返事・昭法全五一〇】

150
今、極楽往生*を願う人たちは、本願*に誓われたお念仏を称《とな》えて阿弥陀さまの救いの光明に照らしていただこうと思うべきです。だからこそお念仏は大切なのです。心をこめてお称えください。

いま極楽をもとむる人は、本願の念仏を行じて摂取《せっしゅ》の光明にてらされんとおもうべし。これにつけても念仏大切に候。よくよく申したもうべし。
【大胡の太郎実秀が妻室のもとへつかはす御返事・昭法全五一二】

*善導大師《ぜんどうだいし》は、私たち凡夫《ぼんぶ》*と阿弥陀さまとの間には三つの御縁《ごえん》があると説いていらっしゃいますが、そのうちの親縁《しんねん》について「衆生《しゅじょう》が阿弥陀仏を礼拝《らいはい》すれば阿弥陀仏はその姿をご覧になってくださり、阿弥陀仏の名号《みょうごう》を称《とな》えればその声を聞き取ってくださり、心に阿弥陀仏を念ずれば、同じように我々のことを念じてくださる。このように、阿弥陀仏の三業《さんごう》のおはたらきと我々の三業のはたらきとが互いに応じ相い、阿弥陀仏と私たちとはあたかも親子のようであるから、これを親縁というのである」とおっしゃっています。ですから、手に数珠をお持ちになればそれを阿弥陀さまはご覧になってくださいますし、お念仏を称えようと心の中で思ったならば、阿弥陀さまもその気持ちを汲んで念じてくださいます。ですから、あなたさまは阿弥陀さまにご覧いただける、また念じてい

ただける身として暮らしていらっしゃることになります。とはいえ、やはり舌をはたらかし、いつも声に出してお念仏を称えるべきなのです。それは今申し上げた善導大師のお言葉にありましたように、阿弥陀さまの三業のおはたらきと、私たちの三業のはたらきが相い応じるのが本来であるからです。三業とは身と口と心でのはたらきのことをいいます。しかも、阿弥陀さまの*本願の称名なのですから、声に出して称える口業《くごう》がその中心であるとお考えになるべきです。

善導の*三縁《さんえん》の中の、親縁《しんねん》を釈し給《たも》うに、❶衆生、仏《ほとけ》を礼すれば、仏これを見給《たも》う。衆生、仏を唱《とな》うれば、仏これを聞き給《たも》う。衆生、仏を念ずれば、仏も衆生を念じ給《たも》う。かるがゆえに阿弥陀仏の三業と行者の三業とかれこれひとつになりて、仏も衆生も親子のごとくなるゆえに、親縁となづくと候《そうらい》めれば、御手《おんて》にずずをもたせ給《たも》うと候《そうら》わば、仏これを御らん候べし。御《おん》心《こころ》に念仏申すぞかしとおぼしめし候《そうら》えば、仏も衆生を念じ給うべし。されば仏に、見《まみ》えまいらせ、念ぜられまいらする御身《おんみ》にてわたらせ給わんずるなり。さわ候《そうら》えども、つねに御舌《みした》のはたらくべきにて候なり。三業相応《さんごうそうおう》のためにて候べし。三業とは身と口と意《こころ》とを申し候なり。しかも仏の本願の称名なるがゆえに、声を本体とはおぼしめすべきにて候。

【往生浄土用心・昭法全五五九】

❶『観経疏』定善義巻第三「一ツニハ親縁ヲ明カス。衆生行ヲ起シテ口常ニ仏ヲ称スレバ仏即チ之ヲ聞キタマフ。身常ニ仏ヲ礼敬スレバ仏即チ之ヲ見タマフ。心常ニ仏ヲ念ズレバ仏即チ之ヲ知リタマフ。衆生仏ヲ憶念スレバ仏亦タ衆生ヲ憶念シタマフ。彼此ノ三業相捨離セザルガ故ニ親縁ト名ヅク也（原漢文）」浄全二・四九上／聖典二・一〇五

阿弥陀さまは自らお建てになった本願*の誓いを成就《じょうじゅ》し、極楽世界をつくりあげられました。そして、その御目《おんめ》を見まわして、我が名を称《とな》える者はいないだろうかと御覧《ごらん》になり、御耳《おんみみ》をかたむけて、我が名を呼ぶ者はいないだろうかと、昼も夜もお聞きになられているのです。それ故、たったひと声のお念仏であっても、阿弥陀さまがお気付きくだされないことなどありません。それ程までに

して極楽に救い摂《と》ろうとする阿弥陀さまの光明*が、あなた一人をお捨てになるはずはなく、臨終に来迎《らいこう》されることが偽りであろうはずもありません。

弥陀の本願を決定《けつじょう》成就して、極楽世界を荘厳《しょうごん》したてて、御目《おんめ》を見まわして、わが名をとなうる人やあると御覧じ、御耳《おんみみ》をかたぶけて、わが名を称する者やあると、夜昼《よるひる》きこしめさるるなり。されば一称も一念も阿弥陀仏に知られまいらせずという事なし。されば摂取《せっしゅ》の光明はわが身をすて給《たも》う事なく、臨終の来迎はむなしき事なきなり。【示或人詞・昭法全五八八】

第三節　滅罪、来迎の功徳

「はかないこの世で受ける果報でさえも、前世の罪や功徳*《くどく》によって、よかったり悪かったりするのである。まして浄土へ往生するなどという一大事《だいじ》なのであるから、これも必ず前世の善い行いが要因になる」と経典にも説かれているではありませんか。ただし、お念仏を称《とな》えて往生することは、過去の世で善業《ぜんごう》を積んでいなくとも、それとは全く関係ないのです。

かりそめのこの世の果報だにも、さきの世の罪、功徳によりて、よくもあしくも生まるる事にて候《そうら》えば、まして往生程の大事、かならず宿善《しゅくぜん》によるべしと聖教《しょうぎょう》にも候やらん。ただし念仏往生は宿善のなきにもより候《そうら》わぬやらん。

【往生浄土用心・昭法全五五六】

154

阿弥陀さまは、罪を重ねた私たちが受けるであろう報いを消し去ってくださり、極楽に往生するというほどの大事ですら叶えてくださるのです。まして、この世でのいかばかりもない寿命を長らえたり、病を軽くする力がおありにならないことなどありえましょうか。

われらが悪業深重《あくごうじんじゅう》なるを滅して極楽に往生する程の大事をすら遂《と》げさせ給《たも》

う。ましてこの世にいか程ならぬ命を延《の》べ、病をたすくる力ましまさざらんや。
【浄土宗略抄（鎌倉二位の禅尼に進ぜられし書）・昭法全六〇五】

＊善導大師《ぜんどうだいし》の『往生礼讃《おうじょうらいさん》』に「問う。阿弥陀仏の名号《みょうごう》を称《とな》え、阿弥陀仏を礼拝《らいはい》し、その姿を心に想いとどめたならば、現世《げんぜ》にいかなる功徳《＊くどく》や利益《りやく》があるのだろうか。答う。阿弥陀仏の名号を一遍称えるだけで、この後、八十億《はちじゅうおっ》＊劫《こう》という永い歳月、迷いの世界を巡らねばならないほどの重い罪の報いが除かれ滅せられるのである」と述べられています。

善導の往生礼讃に、❶問うていわく、阿弥陀仏を称念礼観《しょうねんらいかん》するに、現世にいかなる功徳利益かある。こたえていわく、阿弥陀仏をとなうる事一声《いっしょう》すれば、すなわち八十億劫の重罪を除滅《じょめつ》す。

【浄土宗略抄（鎌倉二位の禅尼に進ぜられし書）・昭法全六〇三】

❶『往生礼讃』浄全四・三七五下

懺悔《さんげ》の心をほんのわずかすら持つことなく毎日を暮らしてきた人でも、いよいよ臨終という時になって善知識《ぜんちしき》の勧め通りに、わずか一声《ひとこえ》、南無阿弥陀仏《なむあみだぶつ》と称《とな》えることにより、それまで積み重ねてきた罪業の報いとして受けねばならない、五十億劫《こう》もの永い歳月にわたる生き死にの繰り返しを滅していただくことができるのです。そして、阿弥陀仏・観音菩薩《かんのんぼさつ》・勢至菩薩《せいしぼさつ》の化仏《けぶつ》がお迎えに来られ、「そなたは念仏を称えたので、罪の報いは滅せられた。それゆえ、私はそなたを迎えに来たのだ」と讃《たた》えてくださり、お浄土に往生させていただけるのです。

一念も懺悔のこころもなくて、あかし暮したるものの、おわりの時に善知識のすすむるにあいて、ただ一声南無阿弥陀仏と申したるによりて、五十億劫のあいだ生死《しょうじ》にめぐるべき罪を滅して、化仏菩薩三尊《さんぞん》の来迎《らいこう》にあずかりて、汝、仏の名《みな》をとなうるがゆえに、罪滅《つみめっ》せり、われ来《きた》りて、汝を迎《むか》うと、誉《ほ》められまいらせて、すなわちかの国に往生すと候。

【正如房へつかはす御文・昭法全五四二】

私たちには、戒という舟筏《ふねいかだ》も壊れてしまい（戒を持《たも》つことが出来ないため、持《じ》戒《かい》によってはさとりへ至る望みはなく）、大海にも喩《たと》うべき生まれ変わり死に変わりを繰り返す迷いの境涯を渡る御縁《ごえん》などまったくありません。*智恵《ちえ》の光は曇って*生死《しょうじ》を繰り返す闇の境涯を照らし難く、今生《こんじょう》でさとる道を歩み得ない私たち*凡夫《ぼんぶ》のために施してくださる仏さまの他力こそ、『無量寿経《むりょうじゅきょう》』に説く阿弥陀さまの❶「第十九*来迎《らいこう》の願」のことなのです。ですから*善導大師《ぜんどうだいし》は『観無《かんむ》量寿経《りょうじゅきょう》』に説く❷中品下生《ちゅうぼんげしょう》を解釈するにあたって、仏の来迎は自明の理としてお示しにならなかっただけなのですから、お念仏を称《とな》えればどなたにも必ず来迎はあるものなのです。

われら戒品《かいほん》の舟筏もやぶれたれば、生死の大海をわたるべき縁《えん》も候わず。智恵の光もくもりて、生死の闇を照らしがたければ、聖道《しょうどう》の得道《とくどう》にも漏《も》れたるわれらがために、ほどこし給《たも》う他力と申し候は、第十九の来迎の願にて候《そうら》えば、文《もん》に見えず候とも、かならず来迎はあるべきにて候なり。
【法性寺左京大夫の伯母なりける女房に遣はす御返事・昭法全五九〇】

❶『無量寿経』巻上　浄全一・七／聖典一・二九
❷『観無量寿経』浄全一・四九／聖典一・一八五

158

臨終に、*善知識《ぜんちしき》の勧めのままに「南無阿弥陀仏《なむあみたぶつ》」と十遍称《とな》えれば、これまで積み重ねてきた罪業《ざいごう》の報いとして、これから先、❶八十億《はちじゅうおっ》*劫《こう》という永遠ともいえる歳月にわたって、生まれ変わり死に変わりを繰り返さなければならなかったところを、一声《ひとこえ》ごとにその罪の報いが除き消され、浄土に往生することができると経典に説かれています。

おわりの時に、善知識のすすめによりて、南無阿弥陀仏と、十声《とこえ》となうるに、一声ごとに、おのおの八十億劫のあいだ生死《しょうじ》にめぐるべき罪を滅して、往生すと説かれて候めれ。
【正如房へつかはす御文・昭法全五四二】

❶『観無量寿経』浄全一・四九／聖典一・一八六

（私たちは、これまでに積み重ねてきた罪の報いにより、死後、八十億《はちじゅうおっ》＊劫《こう》という永遠ともいえる歳月にわたって生き死にの苦しみを繰り返さなければならない身であろうとも）私たちが称《とな》えるわずか一声《ひとこえ》のお念仏にも、そうした罪の報いを滅する力があるのです。阿弥陀さまは罪深い者をもお迎えくださるのだと思い定めて、過去の世で善い行いをしたか、しないかにかかわらず、罪が深いか浅いかといったことに関係なく、ただ、名号《みょうごう》を称《とな》える者は必ず往生するのだとお思いになってください。戒律をまもれる人もまもれない人も、貧しい人も富める人も、身分の上下を別け隔てることもなく、あたかも石や瓦を金《こがね》に変えてしまうように、ただ我が名を称えさえすれば皆迎えに行くぞと、阿弥陀さまはお約束してくださっているのです。

念仏は、一声に❶八十億劫の罪を滅する用《ゆう》あり、弥陀は、悪業深重《あくごうじんじゅう》の者を来《らい》迎《こう》し給《たも》う力ましますと、おぼしめしとりて、宿善《しゅくぜん》のありなしも沙汰せず、罪のふかきあさきも返りみず、ただ名号となうるものの、往生するぞと信じおぼしめすべく候。すべて❷破戒も持戒も、貧窮《びんぐう》も福人も、上下の人をきらわず、ただわが名号をだに念ぜば、石瓦《いしかわら》を変じて、金となさんがごとく、来迎せんと御《おん》約束候なり。
【往生浄土用心・昭法全五五八】

❶『観無量寿経』浄全一・四九／聖典一・一八六
❷法照『五会法事讃』本「多聞ト浄戒ヲ持ツトヲ簡バズ、破戒ト罪根ノ深キトヲ簡バズ、但ダ心ヲ廻シテ多ク念仏セシムレバ、能ク瓦礫ヲシテ変ジテ金ト成サシム（原漢文）」浄全六・六八六上

160

*五逆十悪《ごぎゃくじゅうあく》といった重い罪を犯してしまった人が、臨終の際に、わずか一遍や十遍ほどのお念仏だけで阿弥陀さまの来迎《らいこう》にあずかることができるのは、自分の罪を悔い悲しんで、こんな私ですがどうぞお助けくださいませ、と切々《せつせつ》にお念仏すればこそなのです。そうすれば阿弥陀さまは*本願のお力をはたらかせてその人の罪の報いを滅し、来迎してくださるのです。

五逆十悪の罪人の、臨終の一念十念によりて来迎にあずかる事は、その罪を悔い悲しみて、たすけおわしませと思いて念仏すれば、弥陀如来願力をおこして罪を滅し、来迎しましますなり。
【示或人詞・昭法全五八九】

阿弥陀さまが具《そな》えられている*四智《しち》、三身《さんじん》、十力《じゅうりき》、四無畏《しむい》という、自らの内に体得された全てのおさとりの*功徳《くどく》、そしてお姿の上に顕れている相好《そうごう》や光明《こうみょう》、説《せっ》法《ぽう》、その他、衆生《しゅじょう》をお救いくださる諸々のはたらきの功徳すべてが「阿弥陀」の三文字の中に納められています。阿弥陀さまは、「我が名を、十遍でも一遍でも称《とな》える者は必ず迎え摂《と》ろう。もし、迎え摂らないようなことがあるならば私は決して仏とはならない」とお誓いになられました。今、現に阿弥陀如来という仏さまになられて西方極楽浄土にいらっしゃるのです。ですから*善導大師《ぜんどうだいし》も、名号《みょうごう》を称える者は往生を疑ってはならないとおっしゃっています。

一仏にそなえ給える四智三身十力四無畏等の一切の内証《ないしょう》の功徳、*相好光明説法利生《りしょう》等の外用《げゆう》の功徳、さまざまなるを、三字の名号の中に納めいれて、この名号を十声一声《じっしょういっしょう》までもとなえん者を、かならず迎えん、もし迎えずば、われ仏にならじとちかい給えるに、かの仏いま現に世にましまして仏になり給えり。名号をとなえん衆生、往生うたごうべからずと、善導もおおせられて候なり。

【往生浄土用心・昭法全五五七】

第四節　いまわのときに

この度、本当にあなたが先立たれることになるか、また、思いもよらず私（法然）が先立つことになるかはわかりませんが、ついには他ならぬ阿弥陀さまのお浄土へ往生してそこで再び出会うのは、疑いのないことと存じております。いずれにしましても、夢や幻のようにはかないこの世でもう一度お会いしたいなどと、私も考えはしましたが、やはりそれは取るに足らないことなのです。

このたびまことに先立たせおわしますにても、またおもわずに先立ちまいらせ候事になる、さだめなきにて候とも、ついに一仏《いちぶつ》浄土にまいりあいまいらせ候《そうら》わんことは、うたがいなくおぼえ候。夢幻《ゆめまぼろし》のこの世にて、いま一

163

どなどおもい申し候事は、とてもかくても候なん。
【正如房へつかはす御文・昭法全五四六】

お念仏を称《とな》えるときはいつも、御目《おんめ》を閉じ、掌《たなごころ》を合わせ、御心《おこころ》を静めるようになさるべきです。そして「どうか阿弥陀さま、ご*本願の通り、臨終のときには必ず私の前にお迎えに現れ、大いなる慈悲を差し伸べて、心静かに、安らかにしてくださいますように」と心の中でお思いになり、声に出してお念仏をお称えになるべきです。これに勝ることはないでしょう。

つねに御目をふさぎ、掌をあわせて、御心をしずめて、おぼしめすべく候。願わくは阿弥陀仏の本願あやまたず、臨終の時かならずわが前に現じて、慈悲をくわえたすけて、正念に住せしめたまえと、御心にもおぼしめして、口にも念仏申させたもうべく候。これにすぎたる事候まじ。
【正如房へつかはす御文・昭法全五四六】

164
*善導大師《ぜんどうだいし》のみ心によれば、極楽へ往生しようと願い、たとえ多くとも少なくともお念仏を称《とな》える人の臨終には、阿弥陀さまが多くの菩薩さまと共に必ずお迎えに来られるのですから、日ごろからお念仏を称えていれば臨終の際にことさら*善知識《ぜんちしき》に導かれなくとも、阿弥陀さまがお迎えくださることは間違いありません。

善導の御心《おんこころ》にては、極楽へまいらんと心ざして、多くも少なくも念仏申さん人の、いのちつきん時は、阿弥陀ほとけ聖衆《しょうじゅ》とともに来たりて迎え給《たも》うべしと候《そうら》えば、日ごろだにも御《おん》念仏候《そうら》えば、御臨終に善知識候《そうら》わずとも、ほとけはむかえさせ給《たも》うべきにて候。【往生浄土用心・昭法全五六二】

165
（あなたには日ごろの）お念仏の*功徳《くどく》が積み重なっているのですから、臨終の際に必ずしも*善知識《ぜんちしき》にお会いにならなくとも、往生浄土は定まっているのです。（中略）阿弥陀さまを善知識としておすがりになってください。

御念仏の功つもりたることにて候《そうら》わんには、かならずまた臨終の善知識にあわせおわしまさずとも、往生は一定《いちじょう》せさせおわしますべきことにてこそ候《そうら》え。（中略）仏《ほとけ》を善知識にたのみまいらせさせたもうべく候《そうら》え。【正如房へつかはす御文・昭法全五四五】

臨終の際に称《とな》えるお念仏によって往生を遂げるとはいっても、それは、そもそもその時まで往生を願うこともなく、もっぱら罪を重ねてきた悪人が、いよいよ死が間近に迫ったときにはじめて、*善知識《ぜんちしき》に巡り遇い、その勧めにしたがってお念仏を称えて往生するということを言ったもので、このことは『観無量寿経《かんむりょうじゅきょう》』にも説かれています。ですから日ごろからお念仏を信じて称えている人ならば、臨終の際、必ずしも作法に従わなければならない、というものではありません。阿弥陀さまの来迎《らいこう》が決まっているなら、臨終にあたって安らかな心にしてくださるのも間違いないことだと思うべきです。なぜならばそれは違《たご》うことのない普遍の道理だからです。

166-2

臨終の念仏にて往生すと申す事は、もとは往生をも願わずして、ひとえに罪をつくりたる悪人の、すでに死なんとする時、はじめて善知識のすすめにあいて、念仏して往生すとこそ、❶観経《かんぎょう》にも説かれたれ。もとより念仏を信ぜん人は、臨終の沙汰《さた》をばあながちにすべき様《よう》もなき事なり。仏《ほとけ》の来迎一定《いちじょう》ならば、臨終の正念《しょうねん》は、また一定とこそは思うべき理《ことわり》なれ。

【浄土宗略抄（鎌倉二位の禅尼に進ぜられし書）・昭法全五九七】
❶『観無量寿経』浄全一・四九／聖典一・一八六

臨終の念仏にて往生をすと申すことは、往生をもねがわず、念仏をも申さずして、ひとえにつみをつくりたる悪人の、すでに死なんとする時に、はじめて*善知識《ぜんちしき》のすすめにあいて、念仏して往生すとこそ、❶観経《かんぎょう》にもとかれて候《そうら》え。もとよりの行者、臨終のさたは、あながちにすべきようも候《そうら》わぬなり。仏の来迎一定《らいこういちじょう》ならば、臨終正念《しょうねん》はまた一定とおぼしめすべきなり。

【大胡の太郎実秀へつかはす御返事・昭法全五二二】

(*恵心僧都《えしんそうず》源信《げんしん》はじめ)高僧方の教えにも、臨終の時には阿弥陀さまの仏像や仏画を部屋の西側の壁に御安置して、その前に病人の頭を北向きに、顔を西向きにして寝かせ、お念仏を称《とな》えるように*善知識《ぜんちしき》から勧めてもらいなさい、と説かれています。確かにこれは理想的なことと言えます。けれども、人が死ぬ時のことなど、日ごろの考え通りにいくものではありません。往来で突然倒れて死んでしまうこともあれば、お手洗いで用を足している最中に死んでしまうこともあります。これまでの行いに端を発して、刀などで斬られて命を失うこともあれば、火事のために、あるいは水に溺れて命を落とす人も多くいます。しかし、たとえそういう死に方をしても、日ごろからお念仏を称え、極楽へ往生したいという心さえ持っている人ならば、今まさに息が絶えようとしているその時に、阿弥陀さまは観音菩薩《かんのんぼさつ》や勢至菩薩《せいしぼさつ》と共にお迎えに来てくださると信じ、思い定めるべきです。

❶前出に同じ

❶先徳《せんとく》たちのおしえにも、臨終の時に、阿弥陀仏《ほとけ》を西のかべに安置しまいらせて、病者そのまえに西むきに臥《ふ》して、善知識に念仏をすすめられよとこそ候《そうら》え。それこそあらまほしき事にて候《そうら》え。ただし人の死の縁《えん》は、かねておもうにもかない候《そうら》わず、にわかに大路《おおじ》みちにて、終る事も候。又大小《だいしょう》便利《べんり》のところにて死ぬる人も候。前業《ぜんごう》のがれがたくて、太刀《たち》かたなにていのちをうしない、火にやけ、水におぼれて、いのちをほろぼす類《たぐい》おおく候《そうら》えば、さようにて死に候とも、日ごろの念仏申して極楽へまいる心だにも候人ならば、息のたえん時に、阿弥陀・観音・勢至、来たりむかえ給《たも》うべしと信じおぼしめすべきにて候なり。
【往生浄土用心・昭法全五六四】

❶源信『往生要集』浄全一五・一一二下　同『横川首楞厳院二十五三昧起請』続浄全一五・三〇三下　永観『往生講式』浄全一五・四六七上など

心から往生したいという願いがあり、阿弥陀さまの本願*を疑うこともなくお念仏を称《とな》える人ならば、臨終《りんじゅう》の際に取り乱したりするなどということは、まずありえません。何故なら、そもそも阿弥陀さまが来迎《らいこう》されるのは、臨終を迎えた念仏者の心を安らかにさせるためだからです。そうしたことを知らずに、私たちが臨終にあたり安らかな心でお念仏を称えてこそ、阿弥陀さまは来迎されるのであると心得ている人は、阿弥陀さまの本願を信じもせず、お経文《もん》の意味を取り違えているのです。『称讃浄土経《しょうさんじょうどきょう》』には「阿弥陀仏は、大いなる慈悲《じひ》を働《はたら》かせて、私たちの心を乱れないようにしてくださる」と説かれています。このように、日ごろから懇《ねんご》ろに称えてきたお念仏の*功徳《くどく》によって、臨終にあたって必ず阿弥陀さまが来迎してくださるのです。そのお姿を拝して、はじめて安らかな心になるのである、と説かれています。

まめやかに往生のこころざしありて、弥陀の本願うたがわずして、念仏申さん人は、臨終わるきことは、おおかた候まじきなり。そのゆえは、仏の来迎したもう事は、もとより行者《ぎょうじゃ》の臨終正念《りんじゅうしょうねん》のためにて候なり。それをこころえぬ人は、みなわが臨終正念にて念仏申したらんおりに、仏はむかえたもうべきとのみこころえて候は、仏の願をも信ぜず、経の文《もん》をもこころえぬにて候なり。称讃浄土経には、❶慈悲をもてくわえたすけて、こころをしてみだらしめたまわずととかれて候なり。ただの時に、よくよく申しおきたる念仏によりて、臨終にかならず仏来迎したもう。仏のきたり現じたまえるをみたてまつりて、正念には住すと申しつたえて候なり。

【大胡の太郎実秀へつかはす御返事・昭法全五二二】

❶『称讃浄土経』「慈悲ヲ加祐シ心ヲシテ乱レザラシメテ既ニ命ヲ捨テ〜」浄全一・一八八上

168-2

まめやかに往生の心ざしありて、弥陀*の本願をたのみて念仏申さん人、臨終のわろき事は何事にかあるべき。そのゆえは、仏《ほとけ》の来迎《らいこう》し給《たも》うゆえは、行者の臨終正念《りんじゅうしょうねん》のためなり。それを心得ぬ人は、みなわが臨終正念にて念仏申したらんおりぞ、仏は迎え給《たも》うべきとのみ心得たるは、仏の本願を信ぜず、経の文《もん》を心得ぬなり。❶称讃浄土経《しょうさんじょうどきょう》には、慈悲をもてくわえたすけて、心をしてみだらしめ給わずと説かれたるなり。ただの時よくよく申しおきたる念仏によりて、かならず仏は来迎し給うなり。仏の来たりて現じ給えるを見て、正念には住すと申すべきなり。

【浄土宗略抄（鎌倉二位の禅尼に進ぜられし書）・昭法全五九六】

168-3

❶前出に同じ

もとより仏《ほとけ》の来迎《らいこう》は、臨終正念《りんじゅうしょうねん》のためにて候なり。それを人の皆わが臨終正念にして、念仏申したるに、仏は迎えたもうとのみ心得て候は、仏の願を信ぜず、経の文を信ぜぬにて候なり。❶称讃浄土経《しょうさんじょうどきょう》の文を信ぜぬにて候なり。称讃浄土経には、慈悲をもてくわえたすけて、心をして乱らしめたまわずと説かれて候なり。ただのときによくよく申しおきたる念仏によりて、仏は来迎したもうときに、正念には住すと申すべきにて候なり。

【正如房へつかはす御文・昭法全五四五】

❶前出に同じ

169

阿弥陀さまの本願*を信じてお念仏を称《とな》えている人であっても、臨終の時に責め来たる耐え難い苦痛からは逃れることができません。しかし、たとえそのために悶絶《もんぜつ》しようとも、いよいよ息が絶えるというその時には、阿弥陀さまのお力によって心が静まり、安らかな気持ちで往生を遂げられるのです。臨終というのはあたかも一本の髪をスッと切るほどの一瞬のことですから、それがいつであるかなど、私たち*凡夫《ぼんぶ》には判ずることはできず、ただ阿弥陀さまと臨終を迎えたその人だけが知り得るのです。

本願信じて往生ねがい候《そうら》わん行者も、この苦はのがれずとて、悶絶し候とも、息のたえん時は、阿弥陀ほとけの力にて、正念《しょうねん》になりて往生をし候べし。臨終は髪筋《かみすじ》きるがほどの事にて候《そうら》えば、よそにて凡夫さだめがたく候。ただ仏と行者との心にて知るべく候なり。【往生浄土用心・昭法全五六二】

170

臨終には*三種の愛心《あいしん》が発《おこ》るので、それを足がかりに人の心を惑わして妨害をしようとする悪魔が忍び込むため、心が乱れ荒ぶるのです。この愛心は、*善知識《ぜんちしき》の力添えだけで取り除けるものではありません。阿弥陀さまのお力によってこそ取り除いていただけるのです。

三種の愛心おこり候《そうら》いぬれば、魔縁便《たよ》りをえて、正念《しょうねん》をうしない候なり。

この愛心をば善知識の力ばかりにては除きがたく候。阿弥陀ほとけの御《おん》力《ちから》にて除かせ給い候べく候。

【往生浄土用心・昭法全五六三】

第五節　人の世に還りて

そもそも、阿弥陀さまとのご縁《えん》が浅く、まだ極楽往生に思いの及ばぬ人たちは、念仏往生の教えを聞いても信じることはありません。それればかりか、念仏している者を見ては、腹をたて、怒りをおぼえ、それを妨げようとさえするのです。とかくそういうものだと心得て、たとえどんなことを言われても、心だけはしっかりとゆるがないようになさってください。お念仏の教えを頭から信じようとしない人たちには、たとえ仏さまでも力が及ぶものではありません。ましてや、私たちのような凡夫《＊ぼんぶ》の力の及ぶものではありません。そうした、仏さまの教えを信じようとしない人たちのために慈悲の心をおこし、彼らを導きたいと思うのであれば、一刻もはやくあなたが極楽浄土に往生して、さとりをひらいて、この＊生死《しょうじ》の迷いの世界に再び還《かえ》り、仏さまの教えを謗《そし》ったり、信じようとしない人をも往生させて、すべての人々を救おうと思うべきでしょう。

おおかた弥陀に縁あさく、往生に時いたらぬものは、きけども信ぜず、行ずるをみては、腹をたて、いかりを含みて、さまたげんとすることにて候なり。そのこころをえて、いかに人申し候とも、御《おん》こころばかりはゆるがせたもうべからず。あながちに信ぜざらんは、仏なおちから及びたもうまじ。いかにいわんや、凡夫ちから及ぶまじき事なり。かかる不信の衆生《しゅじょう》のために、慈悲をおこして、利益《りやく》せんとおもうにつけても、とく極楽へまいりて、さとりをひらきて、生死にかえりて、誹謗不信《ひほうふしん》のものをわたして、一切衆生あまねく利益せんとおもうべき事にて候なり。
【津戸の三郎へつかはす御返事（九月十八日付）・昭法全五〇三】

171-2 そもそも阿弥陀さまとのご縁《えん》が浅く、まだ極楽往生に思いの及ばぬ人たちは、念仏往生の教えを聞いても信じることはありません。そればかりか、念仏している者を見ては、腹をたて、お念仏の声を聞いては怒りをおぼえ、お念仏は悪事であるなどと、経典やその注釈書にも説かれていないことを言うのです。とかくそういうものだと心得て、たとえどんなことを言われても、お浄土の教えから心を移してはいけません。お念仏の教えを頭から信じようとしない人たちに無理に勧めてはなりません。このような人たちであっても、過去の世における父母・兄弟姉妹・親類であったとお思いになって、慈悲の心をおこし、お念仏を称《とな》えて、はやく極楽浄土の上品上生《じょうぼんじょうしょう》に往生して、そこでさとりをひらき、この*生死《しょうじ》の迷いの世界に再び還《かえ》り、仏さまの教えを謗《そし》ったり、信じようとしない人をも往生させようと、お念仏を称えつつ、そのように思うべきです。

凡《およ》そ縁あさく、往生の時いたらぬものは、きけども信ぜず。念仏のものをみれば、はらだち、声を聞きて、いかりをなし、あしき事なんと申すは、経論にもみえぬことを申すなり。御《おん》こころえさせたまいて、いかに申すとも、御こころがわりは候べからず。あながちに信ぜざらん人をば、御《おん》すすめ候べからず。かかる不信の衆生《しゅじょう》をおもえば、過去の父母《ぶも》・兄弟・親類なりとおもい候にも、慈悲をおこして、念仏申して、極楽の上品上生にまいりて、さとりをひらき、生死にかえりて、誹謗《ひほう》不信《ふしん》の人をもむかえんと、善根《ぜんこん》を修しては、おぼしめすべき事にて候なり。
【鎌倉の二位の禅尼へ進ずる御返事・昭法全五二九】

172

まず、あなたご自身が心から極楽往生を願い、お念仏に励まれ、高い位へ往生を遂げて、一刻も早くこの世に再び還りきたって世の人々を極楽へ導こうと、志してください。

172-2

ただ御身《おんみ》ひとつに、まずよくよく往生をもねがい、念仏をも励ませたまいて、*位《くらい》高く往生して、いそぎかえりきたりて、人をもみちびかんとおぼしめすべく候。
【大胡の太郎実秀へつかはす御返事・昭法全五二六】

ただわが身一人まずよくよく往生を願いて、念仏をはげみて、*位《くらい》高く往生

173

して、いそぎ返り来たりて人々を引導《いんどう》せんと思うべきなり。
【浄土宗略抄（鎌倉二位の禅尼に進ぜられし書）・昭法全六〇三】

（あなたは臨終の前にもう一度私に会いたいとおっしゃいますが）この世で今、あなたとお会いすることは取るに足らないことでしょう。強《し》いてお目にかかれば、あなたが亡くなった後、その亡骸《なきがら》に執着して迷いのもとにもなってしまうでしょう。どんな人でも、その身をこの世にとどめ置くことはできないのです。自分も他人も、お浄土に遅れて往くか先に往くか、ただその違いだけなのです。その時間の前後のことを考えてみてもわかるものではありませんし、たとえその時間が長いとしても夢や幻程度のもので、それほどの月日ではありますまい。ですから、私もあなたも阿弥陀さまの同じお浄土へ往生してそこで出会うのだということをよくよく心得て、極楽の蓮《はす》の台《うてな》でこの娑婆《しゃば》世界での憂いを晴らし、それまでの思い出について語り合い、再び娑婆世界に還《かえ》って共々に助け合い、人々を教え導くことこそが一番大切なのです。

この世の見参《けんざん》はとてもかくても候なん。かばねを執《しっ》する迷《まど》いにもなり候《そうらい》ぬべし。だれとてもとまりはずべき身にも候《そうら》わず、われも人もただおくれさきだつ代《かわ》りめばかりにてこそ候《そうら》え。そのたえまをおもい候も、またいつまでかと定めなきうえに、たといひさしと申すとも、ゆめまぼろしいくほどかは候べきなれば、ただかまえておなじ仏のくににまいりあいて、蓮《はちす》のうえにてこの世のいぶせさをも晴《は》るけ、ともに過去の因縁をもかたり、たがいに未来の化道《けどう》をもたすけんことこそ、返す返すも詮《せん》にて候べき。
【正如房へつかはす御文・昭法全五四〇】

自分の菩提《ぼだい》を弔《とむら》ってくれる人がいるにしても、その人をたよりにすることなく、自らお念仏に励んで、死後は早く極楽へ往生して*五通三明《ごつうさんみょう》を得て、*六道四生《ろくどうししょう》に迷う人々にお念仏の教えを弘め、両親やお世話になった方々の生まれかわったところを訪ねて、思いどおりにお浄土にお迎えしようと思うべきです。

のちの世をとぶらいぬべき人候《そうら》わんも、それをたのまずして、われとはげ

175

みて念仏申して、いそぎ極楽へまいりて、五通三明をさとりて、六道四生の衆生《しゅじょう》を利益《りやく》し、父母《ぶも》師長《しちょう》の生所《しょうしょ》をたずねて、心のままに迎えとらんと思うべきにて候なり。

【往生浄土用心・昭法全五六〇】

ひとたび浄土に往生してさとりを開いたならば、急いでこの娑婆《しゃば》世界に還《かえ》り来たって、*神通力《じんずうりき》をめぐらして生前に御縁のあった方もそうでない方も、またお念仏の御《み》教えを讃《たた》える人も謗《そし》る人をも、一人も残らずお浄土へお導き致しましょう。

浄土に生まれて、覚りをひらきてのち、いそぎこの世界に返りきたりて、神通方便《じんずうほうべん》をもて、結縁《けちえん》の人をも無縁のものをも、ほむるをもそしるをも、みなことごとく浄土*へ迎えとらん。

【御消息・昭法全五七六】

最大の苦しみである死をはじめ、老いや病いなどあらゆる苦悩が際限なく繰り返される。輪廻が苦しみであるというのは、この点を指してのことである。釈尊は煩悩の消滅、すなわち業のはたらきの停止によって、輪廻を超越し涅槃がもたらされるとして様々に教えを説いたが、『観無量寿経』下品《げぼん》往生では「罪業の深い凡夫であっても、称名念仏によって、輪廻を離れ往生極楽が叶う」と述べている。→しょうじ【生死】、ろくしゅ【六趣】

ろくしゅ【六趣】 地獄・餓鬼・畜生・修羅・人・天の世界。「趣」とはおもむき住むところ。輪廻生死《りんねしょうじ》の場である三界に相当する。六道ともいう。

ろくどうししょう【六道四生】 六道は六趣に同じ。そのどこかに四通りの生まれ方をすることを四生という。すなわち、母胎から生まれる胎生《たいしょう》、卵から生まれる卵生《らんしょう》、水気のあるところから生まれる湿生《しっしょう》、天人や地獄の衆生など忽然と生まれる化生《けしょう》である。なお、極楽往生することも化生であるが、六道における化生とは異なる。

滅びてしまう滅法《めっぽう》の時代が続くという。一般に、日本では1052年（永承7年）から末法に入ったとされる。

みだのけしん【弥陀の化身】 化身とは仏・菩薩が衆生を救済するために変化《へんげ》して現れた姿。「弥陀の化身」とは阿弥陀仏が変化して現れたもの。法然上人は『選択集』第16章などに、善導大師が「弥陀の化身」であることを述べている。これは、王日休《おうにっきゅう》の『龍舒浄土文《りゅうじょじょうどもん》』に引用のある遵式《じゅんしき》『西方往生略伝』に依拠していると考えられている。もちろん、善導大師は自身を凡夫であるとしているが、後の人がその偉大な教え、教化活動などから、そういわれるようになったのであろう。浄土教史上、阿弥陀仏の化身とまで崇められたのは善導大師をおいて他にいない。

らいこうのがん【来迎の願】『無量寿経』に説かれる四十八願のうちの第19願で「もし我れ仏を得たらんに、十方の衆生、菩提心を発《おこ》し諸《もろもろ》の功徳《くどく》を修し、至心に発願して我が国に生ぜんと欲せんに、寿終の時に臨んで、もし大衆とともに囲繞《いにょう》せられて其の人の前に現ぜずんば正覚を取らじ」の文。念仏を称える者には、臨終の際、阿弥陀仏が必ずその人を迎えに来ることが誓われている。

りんね【輪廻】 過去世・現世・来世の三世にわたって、始めも終わりもなく無限に繰り返される生死の営み。生命の循環。インド思想の基盤となる考え方。仏教では、一般に、生ある者が六道（天・人・修羅・畜生・餓鬼・地獄）といった様々な世界に姿形を変えながら、生まれては死に、死んではまた生まれかわることをいう。六道のいずれにおいても、その寿命には限りがあり、次の生まれは業にしたがって決定される。業とは、煩悩に基づいて営んだ行為がある種の力となって蓄えられたもので、そのはたらきによって六道輪廻が繰り返される。輪廻においては、

ほんがん【本願】 菩薩が衆生救済の目的で発す誓願。仏となることにより成就される。さとりを開いて成仏する以前に発した「もとの願い」であることから本願、本地誓願《ほんじせいがん》、本弘誓願《ほんぐせいがん》という。わが国では、本願といえば『無量寿経』に説く阿弥陀仏の四十八願を指すのが一般的である。

ぼんしょう【凡聖】 凡夫《ぼんぶ》と聖者《しょうじゃ》のこと。その定義には諸説があるが、総じて、凡夫とは、煩悩を断ち切ることができず、生死《しょうじ》の輪廻《りんね》から離れられない者をいい、聖者とは、さとりを得ることが約束された者、その過程を歩んでいる者、そしてさとりを得た仏や阿羅漢《あらかん》をいう。その中、大乗仏教における聖者には、一切のものは本来、不生不滅であるというさとり（無生法忍《むしょうぼうにん》）の体得が第一に必要とされる。一端、その境地を体得した者（初地の菩薩）は、成仏まで不退転に歩み、「如来の家に生まれる」といわれるように、輪廻を離れ真理の法を体として利他の菩薩行を修するのである。浄土教においては、極楽浄土に往生した者がそうした聖者にあたる。→ぼんぶ【凡夫】

ぼんぶ【凡夫】 聖者に対して煩悩に迷う愚かな者の意。異生《いしょう》ともいい、業《ごう》によって様々に異なる世界に生まれ、輪廻《りんね》を繰り返す。善導大師は、自身も含めて、現実にはすべての人間が凡夫であるとの人間観に立っていた。『観無量寿経』は、すべての往生人を九品《くほん》に分けて説示しているが、慧遠《えおん》をはじめとする諸師は、凡夫よりも修行の進んだ高い位の者（聖者）も九品に含めている。それに対し善導大師は、その人間観から九品を凡夫に限ったのである。こうした人間観は法然上人に受け継がれ、法然浄土教の基底をなしている。→ぼんしょう【凡聖】

まっぽう【末法】 仏教における時代区分の一つで、正法《しょうぼう》・像法《ぞうほう》に続く。仏の教えだけが残っているのみで、それを実践する人も、さとりを得ることのできる人もいない荒涼とした時代。さらにこの後、完全に教えもわせて三種行儀という。

ほうぞうぼさつ・ほうぞうびく【法蔵菩薩・法蔵比丘】『無量寿経』に説く阿弥陀仏の前身。一国の王であったが、世自在王如来を師として出家した。すべての衆生を救済するために、極楽浄土の建立を目指し、五劫という長い時間思惟を重ね、念仏往生願をはじめとする四十八の誓願を建てた。その後、永い間の修行の結果、ついに仏となって西方極楽浄土を建立し、今現に阿弥陀仏として救済活動している。

ほけきょう【法華経】『妙法蓮華経』の略称。この「大胡の太郎実秀へつかはす御返事」の冒頭に「一向専修なるべしというとも、ときどきは、法華経をもよみたてまつり、また念仏申さんも、なにかはくるしからんと申ければ、まことにさるかたもありとて」と法然上人が筆をとる経緯が述べられており、また、「ただし法華経などよまんことを、一言も悪をつくらんことにいいくらべて、それもくるしからねば、ましてこれもなど申候わんこそ、不便のことにて候え」とある。従って、この法語で用いられる「経」については、当時の『法華経』読誦の流布を合わせ考えて、「法華経の読誦」とした。

ほっしょう【法照】 生没年不詳。中国・８世紀中期の浄土教者。「善導後身」と尊称される。梁漢（四川省）出身。慧遠《えおん》（334－416）を慕い廬山《ろざん》に入り念仏三昧を修し、後、南嶽衡山の承遠《しょうおん》に師事した。そこで、『般舟三昧経《はんじゅざんまいきょう》』に基づく般舟念仏三昧を修している際、阿弥陀仏より五会念仏誦経の法を親受し、後、五台山をはじめ、太原・長安などで五会念仏の法を弘めた。著書に『浄土五会念仏誦経観行儀《じょうどごえねんぶつじゅきょうかんぎょうぎ》』三巻(巻下散逸)、『浄土五会念仏略法事儀讃《じょうどごえねんぶつりゃくほうじぎさん》』一巻がある。五会念仏は、円仁《えんにん》（794－864）によって日本に伝わり、引声念仏《いんぜいねんぶつ》として広まった。

どうしゃく【道綽】 北周保定2年、北斉河清元年－唐貞観19年(562－645)。並州晋陽(山西省)の生まれ。隋から唐の初期に活躍。14歳で出家、一切衆生悉有仏性を説く『涅槃経《ねはんぎょう》』に精通したが、石壁《せきへき》玄中寺において曇鸞《どんらん》大師の碑文に出会い、48歳にして浄土教に帰依。以後、日々阿弥陀仏を念ずること7万遍とした。民衆に広く念仏を勧め、晋陽《しんよう》・太原《たいげん》・汶水《ぶんすい》三県の道俗は皆その教化に浴し、7歳以上の者は悉く念仏を称えたという。霊験も多く伝えられ、当時の徳望の高さを知ることができる。『観無量寿経』を講ずること200回以上といわれ、著書に『安楽集』二巻があり、門下に善導らがいる。法然上人が定めた浄土五祖の第二。

どうしん【道心】 さとりを得ることを目指そうとする心。菩提心。浄土教では西方浄土へ往生することを願う気持ち(願往生心)のこと。

とんぎょう【頓教】 衆生をして即座にさとりに導く教え。反対に、長期間の修行によって段々とさとりに向かわしめる教えを漸教《ぜんぎょう》という。善導大師は『観経疏』玄義分において、浄土の教えは、凡夫が修行を経ずともそのまま往生しさとりを開くことができることから頓教であるとし、法然上人も『無量寿経釈』でそれを受けている。

ねんぶつざんまい【念仏三昧】 広くは、心の散乱をとどめた静寂な境地において観念も含めた念仏を修すること。ただし浄土宗では、たとえ心が散乱していても、口称《くしょう》念仏を専らに修することをいう。また、その過程で、阿弥陀仏とその極楽浄土を目の当たりに観じ、その境地を体得することも念仏三昧という。→さんまいほっとく【三昧発得】

べつじ【別時】 別時念仏の略。時と場所を特別に設けて修する念仏。日頃の念仏を尋常《じんじょう》念仏、臨終に際しての念仏を臨終《りんじゅう》念仏といい、あ布施《ふせ》・持戒《じかい》・忍辱《にんにく》・精進《しょうじん》・禅定《ぜんじょう》・智慧と、その最後におかれ、最も重要なものとされる。なお、本書の本文中には知恵と表記される場合もあるが、世俗的生活の上において、物事を適切に処理する能力としての「知恵」とは区別したい。

でんぎょうだいしさいちょう【伝教大師最澄】 神護景雲元年－弘仁１３年（767 － 822)。日本天台宗の開祖。近江国滋賀郡古市郷（現在の大津市）に生まれる。12 歳で出家、19 歳で戒を受け正式な僧侶となるや、すぐさま比叡山に草庵を結ぶ。『法華経』を中心に仏教を捉え、その思想によって皆が救われるという天台の教えに傾倒、学識は広く知られるところとなった。その間、草庵は一乗止観院（後の根本中堂）として発展、鎮護国家の道場に加えられた。延暦 23 年（804)、唐に留学。天台や密教の教えを修めて帰国の後、国家公認のもと天台宗を開き大乗戒壇の礎を築いた。著書は『山家学生式《さんげがくしょうしき》』ほか多数。56 歳にて没す。

てんごく【諂曲】 邪見のこと。悪だくみという意もある。

てんしゅ【天衆】 天界の住人。天界には、欲界の六欲天や色界の十七天などが知られている。→さんがい【三界】

てんまはじゅん【天魔波旬】 天魔とは他化自在天子魔《たけじざいてんしま》の略。天子魔ともいう。天界の一つである他化自在天にいるという魔王やその配下。様々な策を用いて、仏道修行に励む人を妨害し、挫折させようとする。煩悩魔・五衆魔・死魔とともに四魔の一つ。波旬とはサンスクリット語「パーピーヤーン」の音写語で「さらに悪い」「悪人」という意味がある。ここでは天魔に対する形容として用いられている。なお、罪魔を加えて五魔とする場合もある。

て西方往生を願い、講説を重ねる。道綽禅師（562 − 645）の高名をしたって教えを請う。後、唐の都長安に赴き悟真寺・光明寺・慈恩寺・実際寺などを拠点に専修念仏の教えを広めた。著書に『観無量寿経疏（観経疏）』四巻、『往生礼讃』二巻などがある。法然上人は、その『観経疏』散善義中の「一心専念」の文によって回心し、本願念仏による浄土往生の教えを確信した。また、善導大師を阿弥陀仏の化身《けしん》として崇め、「偏《ひとえ》に善導一師に依る」として、その教えに傾倒した。法然上人が定めた浄土五祖の第三。

ぞうぎょう【雑行】 正行以外の種々雑多な行業。→しょうぎょう【正行】

そうごう・こうみょう・せっぽう・りしょう【相好・光明・説法・利生】
相好とは、仏が具えているすぐれた特徴。相は目につきやすく、好は微細なため目につきにくい。一般には32の相と80の好があるとされるが、『観無量寿経』第九真身観文によれば、阿弥陀仏には8万4千の相と、さらにその各々に8万4千の好があるという。光明とは、仏や菩薩の智慧、慈悲を象徴するもの。阿弥陀仏は無量光仏（アミターバ）ともいい、まさに量り知れない光明をも具えた仏という意味をもつ。ちなみに『観無量寿経』には「阿弥陀仏の一々の好にそれぞれ8万4千の光明があり、あらゆる世界を照らして念仏を称える衆生を漏れなく救い摂る」とある。説法とは、衆生に法を説き弘めること。利生とは、衆生を救済し利益を与える様々なはたらき。

だいし【第四】→しょうじょうのごう【正定の業】

ちえ【智慧】 無常の道理をさとり、物事をありのままにとらえ、真理を見きわめる力。般若。仏道修行の代表徳目である六波羅密《ろくはらみつ》においては、そうとはたらく言葉であり、密教において重要な意味を持つ。空海の『即身成仏義』によれば、具体的な行法として手に印契《いんげい》を結び、口に真言を唱え、ある対象に心を統一して三密瑜伽《さんみつゆが》をはかり、仏のさとりとの融合を目指す。止観とは、止は心を一つの対象に集中することで、観は止によって起こされた正しい智恵に基づいて対象を明らかに捉え、さとりに至ろうとする行法である。法然上人は、広くこうした密教や顕教において修される行を指したと思われる。

じんずう【神通】 超自然的で超人的な特殊なはたらき。→ごつうさんみょう【五通三明】

せじざいおうにょらい【世自在王如来】 法蔵菩薩の師。『無量寿経』には、はるか昔、錠光如来《じょうこうにょらい》（燃灯仏《ねんとうぶつ》）が世に現れてから、数えて54番目に現れた仏と説く。『無量寿経』中の「歎仏頌《たんぶつじゅ》」は、法蔵菩薩がこの如来を讃えた詩節である。

せんじゅ・ざっしゅ【専修・雑修】 衆生が極楽往生を目指す際、称名念仏を含め専ら五種正行を修することを専修といい、それ以外の様々な行をまじえながら修することを雑修という。ただし、法然上人は、称名念仏以外の正行を含めずに、称名念仏を専ら修することも専修と呼称していた。

ぜんちしき【善知識】 知識は友の意。仏の教えに基づいて真理へと導いてくれる人。浄土教では往生浄土のために念仏行を勧めてくれる人のことをいう。

ぜんどう【善導】 隋大業9年－唐永隆2年（613－681）。中国浄土教の大成者。幼くして出家、明勝《みょうしょう》法師《ほっし》に師事。『観無量寿経』によっ方の瑠璃光浄土《るりこうじょうど》など十方に多数あるとされるが、一般に浄土門という場合には阿弥陀仏の本願に乗じて西方極楽浄土に往生する教えを指す。

じょうどへむかえとらん【浄土へ迎えとらん】 念仏者は、一度往生したならばそのまま浄土に留まることはない。娑婆《しゃば》に残る有縁無縁《うえんむえん》の人々も往生浄土を願うよう、自ら娑婆に還《かえ》ってその人々を教え導こうと志すのである。ここで法然上人はこうした利他行の面を強調されている。→えこう【廻向】

じょごう【助業】 五種正行のうち、第四称名念仏を除いた四種の行業。これらは、行者が専ら称名念仏に向かうように導く役割を担うものとされ、それ故、助業という。「助」は「助発《じょほつ》、助成《じょじょう》」の意味であり、決して称名念仏行を補う意味ではない。法然上人は、この四種の行業を同類の助業としている。また、本来は助業たりえないその他の行業なども、念仏行者の決定往生心を契機として助業になり得るとし、これらを異類の助業という。

しょうにょぼう【正如房】 12世紀後半頃、生没年不明。法然上人への帰依者で、上人の「正如房へつかわす御文」の宛て人として知られる。『四十八巻伝』に「尼聖如房」と記されていること、消息から知られるように尼女房たちを付き従えていること、消息中に強い尊敬の念を表す「(せさ) せおはします」という二重敬語がしばしば見られることなどから、女性で、しかも相当に身分の高い者であると推測される。それが具体的に誰を指すかは不明であるが、『賀茂斎院記』に記された式子内親王の出家名「承如法」が「正如房」と読みを同じくすることを根拠とし、正如房は式子内親王であるという説が有力とされている。

しんごんしかんのぎょう【真言止観の行】 真言とは、真理を引き起こだし『選択集』などでは「ただ五逆と誹謗正法とを除く」の部分を引用していない。それは、善導大師の意を受けた法然上人が「阿弥陀仏が衆生に罪を犯させないようにするための戒めとして説かれたまでであって、実際はすでに罪を犯してしまった者でさえも救われる」と捉えているからである。要は、三心具足の念仏を称えさえすれば阿弥陀仏はあらゆる衆生を必ず救うとの誓いであり、四十八願の要、王本願《おうほんがん》とされる。

しょうぎょう【正行】 阿弥陀仏やその極楽浄土に直接関わる往生浄土のための行。善導の『観経疏』散善義では読誦・観察・礼拝・称名・讃歎供養の五種を説き、五種正行と名付ける。→ぞうぎょう【雑行】

しょうごう【正業】→しょうじょうのごう【正定の業】

しょうじ【生死】 生き死にの繰り返し。私たち生きとし生ける者は、はるか遠い過去から姿形を変えながらも、輪廻《りんね》を繰り返している。その繰り返しが迷いや苦しみであり、それを断ち切ることが解脱《げだつ》に他ならない。→さんがい【三界】、りんね【輪廻】

しょうじょうのごう【正定の業】 五種正行のうち第四に挙げられた称名念仏のこと。阿弥陀仏がその本願として選び定め、正しく往生が定まる業であることがその名のゆえんとされる。→しょうぎょう【正行】

しょうどうもん・じょうどもん【聖道門・浄土門】 仏教を大きく二つに分類した名称。道綽《どうしゃく》（562 − 645）の『安楽集』に説かれる。自分の力で修行をすることによってこの娑婆《しゃば》世界にいながらさとりを得るための教えを聖道門とし、まずは仏や菩薩の住んでいる浄土へ往生し、そこで修行をしてさとりを得るための教えを浄土門とする。その修行の難易に応じて聖道門を難行道、浄土門を易行道という。浄土は薬師仏の東仏が具えている十種の特殊な智恵の力。四無畏とは、一切法をさとったという自信である諸法現等覚無畏《しょほうげんとうかくむい》など、仏が説法するにあたっての畏《おそ》れなき四つの自信。

しちなんしょうめつのほう【七難消滅の法】 衆生が被る七つの災難から逃れるために修された法。七難は『仁王般若経《にんのうはんにゃきょう》』『薬師瑠璃光経《やくしるりこうきょう》』『法華経』普門品などに説かれる。『法華経』によれば、火難・水難・羅《ら》刹《せつ》難・刀杖《とうじょう》難・鬼《き》難・枷鎖《かさ》難・怨賊《おんぞく》難の七つをいう。伝教大師最澄《さいちょう》創始とされる天下泰平・悪疫退散の修法（長講会）にもとづいて編された『七難消滅護国頌《じゅ》』には「国家隆平人求道依正安穏修念仏…」とあり、詳細は不明であるが、法然上人はこうした箇所に注目したかと思われる。

じっぽう【十方】 東・南・西・北・東南・西南・東北・西北・上・下の十の方角。この十をもって、すべての方角を示す。『阿弥陀経』の異訳である『称讃浄土仏摂受経《しょうさんじょうどぶつしょうじゅきょう》』には、十方に在《まし》ます諸仏を説く。

じゅうあくごぎゃく【十悪五逆】 十悪とは殺生《せっしょう》（生き物を殺す）、偸《ちゅう》盗《とう》（他人のものを盗む）、邪淫《じゃいん》（よこしまな男女関係）、妄語《もうご》（嘘をつく）、悪口《あっく》（他人の悪口を言う）、両舌《りょうぜつ》（二枚舌）、綺語《きご》（不誠実な言葉）、貪欲《とんよく》（むさぼりの心）、瞋恚《しんに》（怒り腹立ちの心）、邪見《じゃけん》（よこしまな見方）の10。五逆とは五逆罪ともいい父・母・阿羅漢《あらかん》を殺すこと、仏教教団を乱すこと、仏の身を傷つけ血を流すことの五つ。いずれも罪の中でもっとも重いとされる。

じゅうはちがん【十八願】 『無量寿経』に説く法蔵菩薩の四十八願のうち、第18番目の本願のことで「もし我れ仏を得たらんに、十方の衆生、至心に信楽《しんぎょう》して、我が国に生《しょう》ぜんと欲して、乃至十念せんに、もし生ぜずんば、正覚《しょうがく》を取らじ。ただ五逆と誹謗正法《ひほうしょうぼう》とを除く」とある。た

さんまいほっとく【三昧発得】 心の散乱をとどめた静寂な境地を体得すること。浄土宗では、専ら念仏を称えることによって、阿弥陀仏とその極楽浄土の荘厳《しょうごん》を目の当たりに観じ、その境地を体得すること。ただし、三昧を発得することが念仏を称える目的ではなく、その過程は、不求自得《ふぐじとく》と言い、求めずして自然から得られるものであることに留意すべきである。

じごく【地獄】 悪業を犯した者が、死後に様々な苦しみを受けるとされる世界。八熱地獄、八大地獄など種々に分類される。源信の『往生要集』にはその様子が詳しく、リアルに描写されている。地獄はサンスクリット語の「ナラカ」にあたり、俗にいう「奈落の底」の「奈落」はその音写語である。

したをのべて【舌をのべて】 古代インドにおいては、舌で自分の鼻を覆うことができたならば、その人の言葉は嘘偽りでないことの証とされた。顔面を覆うほど大きい舌は、仏の三十《さんじゅう》二《に》相《そう》の一つに数えられている。『阿弥陀経』では、念仏往生の教えが真実であることを、東・南・西・北・上・下の六方の諸仏が、あらゆる世界をすべて覆い尽くすほどの広く長い舌を出して証明していることが説かれている。

しち・さんじん・じゅうりき・しむい【四智・三身・十力・四無畏】
四智とは、大円鏡智《だいえんきょうち》、平等性智《びょうどうしょうち》、妙観察智《みょうかんざっち》、成所作智《じょうしょさち》といって、仏が具えている四つの智恵。三身とは、仏を三つの側面からとらえた分類の仕方。真理そのものを仏とする法身《ほっしん》。阿弥陀仏のように、さまざまな行を積んで法身を体得し、その報いとして衆生を救い導くために仏となった報身《ほうじん》。釈尊のように、人の身のままで仏となった応身《おうじん》の三つ。法然上人は、阿弥陀仏の内なる覚りの中に、それら三つのすべてが具わっているとする。十力とは、道理と非道理とを分別する処非処智力《しょひしょちりき》など、羅・人・天の一部（六欲天）がある。その上に、欲望から離れてはいるもの、物質的な束縛のある色界《しきかい》が位置し、さらに最上層には、物質的な束縛を離れ、わずかな束縛だけが残る無色界《むしきかい》が想定されている。色界、無色界は禅定の深さによって次第に到達する天界であるが、いずれもその住人の寿命には限りがあり、覚りの世界とはいえない。

さんしゅのあいしん【三種の愛心】 人が臨終の際に起こす三つの執着の心。家族や財産などへの愛着である境界愛《きょうがいあい》、自分自身の存在そのものに対する執着である自体愛《じたいあい》、自身は死後どのようになるのかと憂える当生愛《とうしょうあい》の三つ。千観《せんかん》（918 − 983）の『十願発心記《じゅうがんほっしんき》』に説かれるのが初出とされる。

さんじん【三心】 極楽浄土への往生を願う者が持つべき三種の心で、至誠心《しじょうしん》・深心《じんしん》・廻向発願心《えこうほつがんしん》のこと。至誠心は真実の心、深心は本願を深く信じる心、廻向発願心は自己の修したすべての善い行為と、他人の修した善い行為を讃える思いとを、真実に深く信じる中に振り向けて極楽往生を願う心のこと。この三心を具える者は、必ず極楽浄土に往生するとされる。→あんじん【安心】

さんぶきょう【三部経】 同じ趣旨が説かれる三つの経典を一括した呼び名。護国《ごこく》三部経、法華《ほっけ》三部経などがある。『逆修説法《ぎゃくしゅせっぽう》』において法然上人は、わが国の仏教各宗派がそれぞれ三種の経典を取り上げ重視していることから、『無量寿経』『観無量寿経』『阿弥陀経』の３種の経典を浄土三部経と名付けて浄土宗の依り所とする、と述べている。

さんぼう【三宝】 仏法僧の三つ。仏教信者の帰依すべき仏、その教え(法)、そして、それを奉じて実践する人々の集り（僧）を宝にたとえた。これらへの帰依が仏道に入る第一歩である。

れは仏教の修行を完成した者のみが獲得し得る。このうち宿命通、天眼通、漏尽通を三明として説く。五通は『無量寿経』に説かれる阿弥陀仏の四十八願中、第五願から第九願に挙げられる。

ざいけ・しゅっけ【在家・出家】 在俗の人と、家を出て仏門に入った人（僧)。在家に相当する人は、広義には一般の人を意味するが、狭義には世俗の生活をしながら仏教に帰依した信者を意味する。出家は、世俗の生活を離れるために家を出て修行の道に入ること、また入った人をさし、一般には僧侶の同義語として用いられる。もともとバラモン教をはじめとするインドの諸宗教で行われていたもので、バラモンが修行者となることを「(修行者として家から) 出立する」といい、その意味を踏まえて出家という。

ざっしゅ【雑修】→せんじゅ・ざっしゅ【専修・雑修】

さんあくどう（さんなくどう）【三悪道】 地獄・餓鬼・畜生の境界。阿弥陀仏はその四十八願中、第一願に極楽浄土にはこれらの境界を存在させないと誓われている。→じごく【地獄】、ろくしゅ【六趣】

さんえん（さんねん）【三縁】 阿弥陀仏と、その本願にすがって念仏を称える者との間にもたらされる三種の結びつき。阿弥陀仏と衆生が相親しい意としての親縁《しんねん》、阿弥陀仏と衆生が場所において相近しい意としての近縁《ごんねん》、阿弥陀仏によって衆生が種々に護られる意としての増上縁《ぞうじょうえん》の三種である。

さんがい【三界】 あらゆる存在が輪廻《りんね》を繰り返す世界を立体的に三つの領域に分けたもの。全世界といってもよい。その最下層に位置するのが、性欲や食欲に満ちた欲界《よくかい》であり、ここには地獄・餓鬼・畜生・修

み重ねてきたという共通性がある。

けんえいのほうなん【建永の法難】 建永2年(1207)、後鳥羽上皇の熊野行幸の留守中、院の官女である松虫・鈴虫の2人が念仏の教えに帰依し、剃髪《ていはつ》出家した。このことが上皇の逆鱗にふれ、法然上人は四国へ流罪となり、弟子の多くも処罰された。

こう【劫】 非常に長い時間のこと。古典的見解によれば43億2千万年とされ、経典ではさまざまな比喩でこれを説明している。一辺が1由旬《ゆじゅん》の長さ（一説には約7キロメートル）もある鉄で出来た城を芥子粒でいっぱいにし、100年に1度の割合でこの芥子粒を1粒ずつ取り去って、全部なくなってもまだ1劫は終わっていないとされている(『雑阿含経』巻34）のはその一例。

こうみょう【光明】→そうごう・こうみょう・せっぽう・りしょう【相好・光明・説法・利生】

ごぎゃくざい【五逆罪】→じゅうあくごぎゃく【十悪五逆】

ごぎゃくじゅうあく【五逆十悪】→じゅうあくごぎゃく【十悪五逆】

ごつう・さんみょう【五通・三明】 五通とはある一定の宗教的境地に達した者に獲得される次のような五つの神秘的な力。思うがままに往来し、自由に身体を変化させ、あるいは事物を出現させる神足通《じんそくつう》。未来を予知する天眼通《てんげんつう》。どんな音声でも聞き取り、聞き分ける天耳通《てんにつう》。他人の心情を知ることができる他心通《たしんつう》。前世を知り分ける宿命通《しゅくみょうつう》である。これらは仏教以外の修行者においても獲得され得る。また、煩悩を滅して輪廻を断ち切る智恵である漏尽通《ろじんずう》を加えて六通（六神通《ろくじんずう》）というが、ことの交流は親密なもので、兼実の懇請により、建久9年（1198）に『選択集』が撰述されている。建仁2年（1202）法然上人のもと出家した。

くどく【功徳】 修行や善行によって身に付くすぐれた特性、あるいはものごとに具わっているすぐれた功能や利益、さらには利益をもたらす善行のこと。徳、福徳、勝徳ともいう。たとえば「念仏の功徳」などという場合の功徳は功能や利益を意味し、「生きて造りそうろう功徳はよくそうろうか」（『一百四十五箇条問答』）と述べられる功徳は善行を意味する。「功徳を積む」という場合の功徳もこれにあたる。ただし、ただの善い行いではなく、これを修めることで、将来良い果報がもたらされるような善行である。

くらいたかくおうじょうして【位高く往生して】 人々の機根について『無量寿経』では上輩《じょうはい》・中輩《ちゅうはい》・下輩《げはい》の三種に、『観無量寿経』では上品《じょうぼん》上 生《じょうしょう》から下品下生《げぼんげしょう》まで9種に分けているが、「位高く」はそのうちの上輩、または上品への往生を示している。『無量寿経』の上輩では、往生すれば即座に神通《じんずう》を得、自在にあやつることができ、『観無量寿経』の上品上生では、往生すれば即座に菩薩としての資質を具えることができると説かれている。法然上人は『選択集』第5章において、日に3万遍以上称名念仏する者は、上品上生への往生が叶うとある。ただし、『観無量寿経釈』によれば、こうした分類は釈尊の説示上の巧言であるとしている。

げさんぼん【下三品】 『観無量寿経』に、極楽に往生する人々を、その性質や行いによって9種類に分けて説く中、下品上生《げぼんじょうしょう》、下品中生《げぼんちゅうしょう》、下品下生《げぼんげしょう》の三つを指す。この三者は、他の上品の三生、中品の三生と異なり、臨終に至るまで仏教の教えを実践せずに、いたずらに悪事を積教を体系づけた『群疑論』七巻がある。この他、多数の著作があったとされるが、今は伝わっていない。法然上人が定めた浄土五祖の第四。

えこう【廻向】 自己の善行の功徳《くどく》を自己のさとりのために振り向けたり、あるいは、他者のために振り向けること。浄土宗では、自他を含めたすべての善行の結果を、自己、あるいは他者の極楽往生のために振り向けることをいい、これを往相《おうそう》廻向という。また、極楽往生して後、利他行として娑婆《しゃば》に戻り人々を往生へと導くことを還相《げんそう》廻向という。

えしんそうずげんしん【恵心僧都源信】 天慶５年－寛仁元年(942 － 1017)。平安中期の天台宗の僧。良源《りょうげん》(912 － 985)に師事し顕教と密教を学ぶ。秀でた学徳を発揮するが、後に比叡山の横川《よかわ》に隠遁《いんとん》して、極楽浄土への思いを強くし、『往生要集』や『二《に》十《じゅう》五《ご》三昧《ざんまい》起請《きしょう》』などを撰述。以後の浄土教信仰に多大な影響を与え、法然上人もこの『往生要集』に導かれて浄土教へ帰入した。

きぎょう【起行】 往生浄土のために修する行業。善導大師は、『観経疏』散善義深心釈において、読誦・観察・礼拝・称名・讃歎供養の五種正行を起行とし、その中、特に第四称名念仏行を正定の業とした。→しょうじょうのごう【正定の業】

ぎゃくざい【逆罪】→じゅうあくごぎゃく【十悪五逆】

くじょうかねざね【九条兼実】 久安５年－承元元年(1149 － 1027)。藤原忠通の子。文治２年（1186)、源頼朝の支持を受け関白に進み、建久７年（1196）まで在任。文治四年、長男が急死。その後、法然上人から教えを請うようになり、本人はじめ家族もたびたび授戒を受けている。このことは兼実の日記『玉葉』55 などに記されている。法然上人

4．用語解説

◆索引語句は主に名詞を中心とし，その語を含む熟語などが他に索引されている場合には→印をもって示した。

あっきあくじん【悪鬼悪神】 悪しき鬼神たちのこと。鬼神とは自由自在に変化する超人的で霊的な存在をいう。仏典においては夜叉《やしゃ》や羅刹《らせつ》が代表的であり、いずれも人の血肉を食らう鬼神である。ただし、それらが仏教を守護し国土人民を守護する善神となって現れる場合もある。

あみだぶつのけしん【阿弥陀仏の化身】→みだのけしん【弥陀の化身】

あんじん【安心】 広くは修行を積んでいくことよって得られる心の安定した状態をいう。浄土宗においては、阿弥陀仏の本願にもとづいて念仏を称える際の心づかいのありさまのことである。浄土宗第三祖 良忠上人《りょうちゅうしょうにん》（1199 − 1287）によれば、安心はさらに総安心《そうあんじん》と別安心《べつあんじん》に分けられ、前者を菩提心《ぼだいしん》（願往生心）、後者を『観無量寿経』に説かれる至誠心、深心、廻向発願心の三心とした。

いちねんおうじょうのぎ・いちねんぎ【一念往生の義・一念義】 幸西《こうさい》（1163 − 1247）など法然上人の門下に起こった異義。ただ一遍、念仏を称えれば浄土に往生ができるとし、その後の念仏の相続は阿弥陀仏の本願を疑うものであるとして否定した。この教えによって破戒行為をする輩が多く輩出し、法然上人も強く戒められた。

えかん【懐感】 生没年不詳。6世紀後半の浄土教者。はじめ法相《ほっそう》・唯識《ゆいしき》を学び、後、善導大師を師として浄土教に帰入。師に従って念仏三昧を発得《ほっとく》し、師の教えを広めた。著書に、法相・唯識の教えによって浄土

【や，ら，わ行】

【ま行】

【は行】

【な行】

【た行】

【さ行】

【か行】

3．語句索引

◆索引語句は名詞を中心とし，その語を含む熟語などが他に索引されている場合には→印をもって示した。数字は法語番号（原文）を示す。

【あ行】

【わ行】

【ま行】

【や行】

【ら行】

【は行】

【な行】

【た行】

【さ行】

【か行】

2．成句索引

◆各法語の文中で、エッセンスになると思われる、また一般に印象深い成句となっていると思われる部分を抜き出し、そのはじめの語句を五十音順に配列して法語番号を示した。各法語本文（原文）の冒頭部分とは必ずしも一致するわけではない。

【あ行】

1．消息別索引

◆数字は法語番号を示す

付　　録

編訳――浄土宗総合研究所
袖山榮輝（浄土宗総合研究所主任研究員）
林田康順（浄土宗総合研究所研究員・大正大学仏教学部教授）

◎出版目録をご用意しております。お気軽に下記（浄土宗出版）までご請求ください。

文庫版 法然上人のご法語 第一集 消息編
令和3年7月1日 初版第1刷発行

編訳 浄土宗総合研究所
装丁 岡崎 善保（志岐デザイン事務所）
発行 浄土宗
発行人 川中 光教
浄土宗宗務庁
〒605-0062 京都市東山区林下町400-8
TEL(075)525-2200(代表)
〒105-0011 東京都港区芝公園4-7-4
TEL(03)3436-3351(代表)
URL:https://jodo.or.jp/
編集 浄土宗出版
〒105-0011 東京都港区芝公園4-7-4
TEL(03)3436-3700
FAX(03)3436-3356
E-mail:syuppan@jodo.or.jp
URL:https://press.jodo.or.jp/
印刷 株式会社 共立社印刷所

 ISBN978-4-88363-151-3 C3115